KB214355

기독교에 대해 궁금해요

(개정판)

복음 소책자 2
(핵심복음 제자훈련 기본교재)

기독교에 대해 궁금해요 (개정판)

초판 1쇄 발행 2018년 10월 15일
개정판 인쇄 2024년 3월 25일
개정판 발행 2024년 3월 30일

지 은 이 ㅣ 김완섭
펴 낸 이 ㅣ 오복희

펴 낸 곳 ㅣ 개혁과회복
등록번호 ㅣ 제2018-000044호
등록일자 ㅣ 2018년 4월 12일
주   소 ㅣ 서울특별시 송파구 마천로 100 C동 402호(오금동)
편 집 부 ㅣ 010-6214-1361
관 리 부 ㅣ 010-8339-1192
팩   스 ㅣ 02-3402-1112
이 메 일 ㅣ whdkfk9312@naver.com
디 자 인 ㅣ 참디자인

ISBN 979-11-89787-50-9 (03230)

복음 소책자 2
핵심복음 제자훈련
시작반 기본교재

2

복음을 이해하는
열두 가지 주제

개정판

기독교에 대해
궁금해요

김완섭 지음

도서출판
개혁과회복

Preface
머리말

그리스도의 복음은 생명입니다. 복음은 인생 전체를 걸어야만 하는 가장 보배롭고 가치 있는 삶을 만들어줍니다. 기독교인이라고 할지라도 살아있는 복음을 생명으로 받아들이지 않는다면 그에게 예수님은 큰 의미를 지닐 수가 없습니다. 그래서 복음은 머리로 받아들여지는 것이 아니라 가슴으로 품어져야 하는 것입니다. 이 책은 복음이 가슴으로 품어지는 목적으로 기획 출판되었습니다.

믿음이란 내가 믿는 것이 아니라 가슴으로 믿어지는 것입니다. 그렇기 때문에 성령님께서 임하지 않으신다면 우리는 믿음을 소유할 수가 없습니다. 이 책의 제목이 『기독교에 대해 궁금해요』입니다. 믿음은 성령님께서 선물로 주시는 인생 최대의 행운이지만, 그 믿음의 실체를 제대로 풀어주지 않으면 충분한 선물이 되기 어렵습니다. 그래서 이 책은 충분한 선물이 되도록 기획한 것입니다.

믿음의 본질은 구원의 복음입니다. 우리는 이미 복음 소책자 제1권 『당신을 향한 예수님의 사랑』에서 그 복음을 충분히 설명했습니다. 입체적인 구원관을 충분하게 설명함으로써 삶으로서의 구원으로 나아갈 수 있도록 하기 위해 힘썼습니다. 복음소책자 제2권인 본서는 1권에서 얻어진 구원관을 더욱 확고하게 뿌리내리게 하는 데 목표를 두고 집필했습니다. 처음에 출간한 제1권과 2권 모두 전도용으로 기획되어서 제자훈련용으로 사용하기에는 다소 미흡한 점이 있어서 이번에 크게 보완하여 개정판을 출판하게 된 것입니다.

복음의 핵심적인 내용을 전파하여 기독교 신앙인이 된 사람이나 아직 확신을 가지지 못한 사람들에게 신앙생활의 의미를 가르쳐드리기 위해 이 책이 기획되었습니다. 신앙생활이란 예수님을 생명의 주인으로 받아들이기를 마음으로 결단하였다 하더라도 실제로 교회생활과 연결되어야 계속하여 신앙이 자랄 수 있는 것입니다.

교회문화와 일반문화는 많은 차이점이 있으며, 처음에 교회에 출석하기 시작하더라도 교회문화에 익숙해지려면 상당한 시간이 필요합니다. 하지만 신앙생활에 필요한 내용들을 먼저 이해하고 나면 훨씬 적응하기가 쉬워질 것입니다. 이 책은 신앙생활에 필요한 여러 내용들

중에서 핵심적으로 알아야 할 열두 가지 주제를 선정하여 설명했습니다. 그 열두 가지 주제는 믿음을 가지면서 많은 사람들이 궁금해 할 수 있는 내용들로, 올바른 믿음생활을 하기 위해 반드시 이해하고 받아들여야 할 내용들입니다. 동시에 믿음을 가지기를 거부하는 사람들이 기독교 신앙을 가질 수 없게 만드는 그런 요소들이기도 합니다. 그래서 최대한 일반적인 논리와 성경적인 논리를 접목하려고 애를 썼습니다.

열두 가지 주제는 천국, 예배, 성경, 기도, 헌금, 제사문제, 천지창조, 부활, 재림, 지옥, 마귀, 이단입니다만, 예를 들어 헌금을 설명할 때 "교회에서도 돈이 있어야 대접받나요?"라는 질문으로 제목을 정하여 궁금증과 의혹을 제거해 나가는 식으로 전개했습니다. 그렇게 하는 이유는 믿음 또는 확신이란 무엇을 열심히 가르친다고 온전해지는 것이 아니라 거기에서 파생되는 여러 가지 곁가지들을 제거함으로써 더욱 확고해지는 것이기 때문입니다. 곁가지들이란 일반적인 인식, 의심, 오해, 평판, 분명하지 않는 개념, 비판 등을 말하는 것입니다. 이 책은 그런 곁가지들을 제거하는 방식으로 집필한 것입니다.

사실 성경논리는 일반인들이 받아들이기가 쉽지 않습니다. 왜냐하면 성경으로 문제를 제시하고 성경으로 논리를 전개해 나가며 성경으로 결론을 맺는 것이기 때문입니다. 그것을 순환논법이라고 합니다만, 그런 제한성 가운데에서도 논리적으로 풀어나가려고 많은 노력을 했습니다. 아마 성경을 믿지 않더라도 최소한 성경을 거부하지만 않으면 충분히 이해할 수 있으리라 생각합니다.

이 복음소책자 제2권 『기독교에 대해 궁금해요』는 '훈련교재'인 핵심복음제자훈련 제2권 『믿음의 핵심』의 '기본교재'입니다. 이 책을 정독하는 것으로도 많은 도움이 되겠지만, 더욱 효과적인 사용을 위해서는, 이 책을 정독하고 『믿음의 핵심』에서 제시하는 문제들에 답을 기록해봄으로써 복음을 가슴에 담는 과정을 거쳐서, 인도자의 지도를 따라 은혜를 나눔으로써 실체적인 복음 지식을 소유하게 될 것입니다. 인도자는 '전문교재'인 『믿음의 핵심 인도자 지침서』를 통하여 지도할 수 있는 준비를 충분히 할 수 있을 것입니다. 어느 경우이든 제시되는 방식을 최대한 그대로 받아들인다면 훈련의 효과는 더욱 커질 것입니다. 이 땅에 예수님의 참 제자들이 넘쳐나기를 소원합니다.

Contents
차례

1
성도가 영원히 산다는
천국이란 어떤 곳인가요?

인간은 영혼과 육체로 되어 있습니다.
육체는 이 땅에서 살다가 죽게 되지만
영혼은 결코 사라지지 않습니다.
그렇다고 구천(九泉)을 떠도는 것도 아니고
다른 생물로 환생(還生)하는 것도 아니며
천국 아니면 지옥으로 가게 됩니다.
천국은 하나님과 천사들이 계시는 곳이고
지옥은 마귀와 귀신들이 있는 곳입니다.
한 번 결정되면 영원히 있어야 하는 곳이므로
반드시 예수님 믿고 천국에 가야 합니다.

1) 천국은 하나님이 다스리시는 곳입니다.

영원한 하늘의 천국을 이야기하기 전에 이 땅에서의
천국, 현실 속에서의 천국을 먼저 이야기합니다. 예수님
은 천국이 언제 임하느냐는 바리새인들의 질문에 천국은
'너희 안에' 있다고 말씀하셨습니다. 이 말씀은 천국이 사
람들의 마음속에 있다는 의미와 함께 사람들 사이에 있
다는 말씀으로 해석될 수 있습니다. 천국이란 사람들의
마음속에서 이루어져야 하지만 동시에 그 천국이 이웃
과의 관계 속에서도 이루어져야 함을 말씀하는 것입니
다. 그러면 그 천국이란 구체적으로 무엇이겠습니까? 한
마디로 말하면 천국은 하나님의 다스리심을 받는 곳입니
다. 곧 하나님께서 통치하시는 모든 곳이 천국이라는 말
입니다. 하나님의 다스리심을 완전히 받는다면 그곳이
가정이든 성도의 마음속이든 공동체이든 교회이든 천국
이 될 것입니다.

"바리새인들이 하나님의 나라가 어느 때에 임하나이까 묻거늘
예수께서 대답하여 이르시되 하나님의 나라는 볼 수 있게 임
하는 것이 아니요 또 여기 있다 저기 있다고도 못하리니 하나
님의 나라는 '너희 안에' 있느니라"(눅 17:20~21)

물론 지상에서의 천국은 한시적이고 유동적일 수밖에 없습니다. 환경이나 감정에 따라 지옥이 될 수도 있고 천국이 될 수도 있기 때문입니다. 만약에 이 땅에서의 천국을 이야기할 때 지상천국을 꿈꾸는 것으로 생각한다면 그것은 천국에 대해서 크게 오해하기 때문에 생기는 현상일 것입니다. 왜냐하면 이 세상은 수많은 환경과 다양한 변화가 존재하는 곳이고, 그래서 완전한 천국이 성취될 수도 없고, 그 천국을 계속해서 누릴 수도 없기 때문입니다. 그래서 이 땅에서의 천국은 심령의 상태에 따라서 성취될 수도 있고 그렇지 못할 수도 있는 것입니다. 온전한 믿음으로 하나님의 평안을 얻고 있다면 천국을 누리는 것이고 그렇지 못하면 천국을 잃어버리는 것입니다. 예수님은 천국을 소유할 수 있는 심령을 '가난한 심령'이라고 말씀하셨습니다.

"심령이 가난한 자는 복이 있나니 천국이 그들의 것임이요"(마 5:3)

하지만 만약에 천국을 이 땅에서만 혹은 사람의 마음 속에서만 있는 것으로 본다면 그 천국은 너무나도 초라할 수밖에 없을 것입니다. 실존하는 천국을 부인하고 이 세상에서의 천국만을 강조한다면 그것을 복음이라고 말할 수는 없습니다. 결국 그리스도인의 구원의 완성은 저 영원한 천국에서 완전하게 성취될 것이기 때문입니다. 이 땅에서의 천국은 우리가 가야 할 영원한 천국을 소유하는 사람에게서 자연스럽게 나타나는 천국의 증거일 뿐입니다. 그래서 예수님은 이 땅에서의 천국을 외치시는 것이 아니라 진짜 천국, 하늘의 영원한 천국이 가까이 왔으니 회개하라고 외치신 것입니다.

> "이 때부터 예수께서 비로소 전파하여 이르시되 회개하라 천국이 가까이 왔느니라 하시더라"(마 4:17)

하나님의 다스림을 충분하게 받고 있을 때에는 주변 환경이 전혀 문제가 되지 않습니다. 왜냐하면 예수님을 위하여, 믿음을 위하여 세상으로부터 박해를 받더라도 미래에 도달하게 될 천국을 기다리면서 승리할 수 있기 때문입니다. 모든 경우에서도 천국을 누릴 수 있는 것은 바로 이 영원한 천국을 향한 소망으로부터 시작되는 것입니다. 박해를 받아도 참고 견딜 수 있는 이유는 이미 천국이 그들의 소유가 되었기 때문에 가능한 것입니다.

"의를 위하여 박해를 받은 자는 복이 있나니 천국이 그들의 것임이라"(마 5:10)

예수님을 믿는다는 것은 바로 지금 현재 여기의 천국을 누릴 수 있다는 것을 의미하는 것입니다. 물론 현실 속에서는 그 천국을 수시로 잃어버릴 것입니다. 우리가 육신을 입고 있고 여전히 마귀가 지배하는 죄의 영향력에서 완전히 벗어나지 못하고 있기 때문입니다. 그러나 그렇기 때문에 성도들은 예배를 드리고 기도하며 하나님의 말씀을 의지하는 것입니다. 그렇게 신앙이 자라갈수록 현실을 이겨내고 천국을 누릴 수 있게 되는 것입니다. 다윗의 고백처럼 원수가 자기를 죽이려고 눈앞에 와있어도 하나님은 오히려 잔칫상을 차려주시면서 천국을 누릴 수 있게 해주시는 것입니다. 극한상황에서도 하나님의 은혜로 천국을 누릴 수 있는 성도의 바른 삶을 말한 것입니다.

"주께서 내 원수의 목전에서 내게 상을 차려 주시고 기름을 내 머리에 부으셨으니 내 잔이 넘치나이다"(시 23:5)

하지만 이 땅에서의 천국 맛보기는 저 영원한 천국으

로 가는 여정일 뿐입니다. 우리가 임시로 불완전한 천국을 누리게 하시는 하나님은 완전하고 영원한 천국을 소망할 수 있도록 그 본보기를 우리에게 보여주시는 것입니다. 그리고 그 본보기를 경험하고 있는 성도들에게 하나님은 영원한 천국을 허락하시는 것입니다. 사실은 이 땅에서의 천국이 바로 교회와 성도들입니다.

2) 천국에서는 영원한 복락을 누립니다.

이제 실체적으로 존재하는 영원하고 완전한 천국에 대해서 살펴봅니다. 우리는 천국에서 펼쳐질 환경인 아름다움, 완전함, 평화로움, 놀랄만한 광경 등을 언급하기 전에 먼저 천국에서 우리가 누릴 심령을 먼저 이야기해야 합니다. 왜냐하면 천국의 본질은 외형적인 온전함으로서가 아니라 천국백성들이 영원토록 누릴 평안과 기쁨과 안락함에 있는 것이기 때문입니다. 하나님이 다스리시는 저 하늘의 천국은 영원토록 슬픔과 눈물이 없을 뿐만 아니라 아픔이나 질병이나 고통도 없는 곳입니다. 그러니까 지상에서는 우리가 겪을 수밖에 없는 수많은 위험인자들이 요소요소마다, 길목마다 우리를 기다리고 있지만 천국에서는 그런 요소들이 전부 사라지게 된다는 말입니다. 아픔이든 슬픔이든 죽음이든 걱정이든 전혀 없는 곳이 천국이라는 말입니다.

> "모든 눈물을 그 눈에서 닦아주시니 다시는 사망이 없고 애통하는 것이나 곡하는 것이나 아픈 것이 다시 있지 아니하리니 처음 것들이 다 지나갔음이러라"(계 21:4)

　뿐만 아니라 천국은 이 땅에서와 같이 먹거나 마시면서 즐기는 나라가 아니며, 성령님 안에서 영원토록 평화와 기쁨으로 항상 넘치는 곳입니다. 지상에서는 먹고 마시며 놀 때 기쁨과 행복을 가장 크게 느끼지만 천국에서는 그런 것으로 행복을 느끼는 것이 아니라 완전한 의로움이신 하나님 안에서 진정한 평안과 즐거움을 누리는 것입니다. 물론 지상에서도 그런 행복을 자주 누릴 수 있어야 합니다. 죄나 욕심이 있으면 불행의 단초가 되는데 천국에는 그런 것이 없으니까 즐거움이 넘칠 수밖에 없는 것입니다.

> "하나님의 나라는 먹는 것과 마시는 것이 아니요 오직 성령 안에 있는 의와 평강과 희락이라"(롬 14:17)

어떤 사람들은 천국에 가면 어떻게 그렇게 놀기만 하느냐, 천국은 너무 지루한 곳이 아니냐고 하는 사람도 있습니다만, 천국을 지상과 똑같이 생각하면 안 됩니다. 천국으로 들어가는 사람들은 마치 예수님의 신령한 부활체와 같은 상태가 되어서 들어간다는 사실을 알아야 합니다. 곧 영원토록 하나님과 더불어 복락을 누릴 수 있는 존재가 되는 것입니다. 생각해보십시오. 만약에 영원한 복락을 누리는 천국에 죄와 욕심으로 얼룩진 사람이 들어가서 거기에서 견딜 수 있겠습니까? 어둠 속에서만 안전을 누리던 사람이 어둠이라고는 조금도 없는 영원한 광명의 천국에서 어떻게 살 수 있겠습니까? 천국에 들어가는 성도는 천국에 맞는 모습으로 변화되는 것입니다.

"육의 몸으로 심고 신령한 몸으로 다시 살아나나니 육의 몸이 있은즉 또 영의 몸도 있느니라"(고전 15:44)

이와 같이 상상할 수 없을 만큼 엄청나고 믿기 힘든 변화에 대해서 예수님은 겨자씨 비유를 들어 이해할 수 있게 설명해 주셨습니다. 좁쌀보다 더 작은 겨자씨 한 알이 나중에 어떻게 변화되는가를 생각하고 천국을 믿으라는 말씀이었습니다. 그리스도인의 마음속에는 지금은 마치 겨자씨처럼 보잘 것 없는 모습의 천국밖에는 안 보이겠지만 그 생명이 자라서 천국으로 들어갈 때에는 마치 다 자라서 새들이 둥지를 틀 정도의 겨자나무처럼 상상할 수 없는 행복한 모습으로 변화되는 것입니다. 우리가 육신의 심령 속에 품고 있는 천국은 우리가 생각하지 못할 만큼 엄청나고 완전하고 영원한 곳입니다. 천국은 하나님께서 직접 다스리시기 때문입니다.

> "또 비유를 들어 이르시되 천국은 마치 사람이 자기 밭에 갖다 심은 겨자씨 한 알 같으니 이는 모든 씨보다 작은 것이로되 자란 후에는 풀보다 커서 나무가 되매 공중의 새들이 와서 그 가지에 깃들이느니라"(마 13:31~32)

저 영원한 천국은 육신을 입고 겪을 수밖에 없는 수많은 아픔들을 전부 지워버리게 되는 곳입니다. 기독교 역사상 수많은 박해의 환경 속에서 날마다 형제들이 죽어나가고 체포되어 가는 상황에서도 성도들은 영원한 천국에 들어갈 것을 소망하면서 능히 견딜 수 있었습니다. 성경은 바로 그런 상황에서 기록되었습니다. 그들의 소망은 살아있는 소망이었고 그들이 느끼던 평안과 기쁨은 생명을 주님께 맡김으로써 얻어질 수 있는 것들이었습니다. 오늘날에도 그렇게 주님께만 모든 것을 맡길 수 있어야 하겠습니다.

"그들이 다시는 주리지도 아니하며 목마르지도 아니하고 해나 아무 뜨거운 기운에 상하지도 아니하리니"(계 7:16)

3) 천국은 사람에게 가장 귀한 곳입니다.

사람은 현실에서는 영원할 것처럼 느끼지만 50년 후, 70년 후에 과거를 생각하면 바로 어제 일 같기도 하고 모든 것이 한순간의 일처럼 느껴질 것입니다. 만약에 천국으로 가서 지상에서의 일을 생각한다면 모두가 그냥 지나간 일이요 아무리 그 당시 힘들고 고통스러웠어도 단지 하나의 추억이 될 뿐일 것입니다. 그런 상황을 맞이하게 된다면 인생에서 가장 중요한 일이 무엇일까에 대해서 더욱 새삼스럽게 느낄 것입니다. 천국보다 더 중요한 일은 없다고 말입니다. 그 천국을 얻기 위해서라면 그 어떤 일, 심지어 목숨까지도 버릴 수 있어야만 한다는 사실을 더욱 실감하게 될 것입니다. 그렇습니다. 천국이야말로 인생에 있어서 가장 보배로운 곳입니다.

그래서 예수님은 천국이 얼마나 귀한 곳인지를 설명하

시면서, 마치 값진 보화를 구하기 위해 전 재산을 다 팔아서 구입하는 것과 같다고 말씀하셨던 것입니다. 천국은 우리의 모든 것을 버리고라도 꼭 가야 할 만큼 귀한 곳이라고 말씀하십니다.

> "천국은 마치 밭에 감추인 보화와 같으니 사람이 이를 발견한 후 숨겨 두고 기뻐하며 돌아가서 자기의 소유를 다 팔아 그 밭을 사느니라"(마 13:44)

또한 천국은 세상에서 다른 것에는 일체 관심을 가지지 말고 오로지 천국에 가기 위해서만 열심히 따라가야 할 것이라고 설명하셨습니다. 우리는 대개 두 가지 갈림길에 서있는 것 같은 사람들입니다. 자기 욕심이나 세상의 원리를 따라가려는 본성적인, 사실은 죄에서 비롯되는 유혹과 지금 당장의 즐거움이 아니라 저 영원한 천국으로 향하는 길을 가고자 하는 거룩한 믿음 사이에서 갈등을 일으키게 됩니다. 머뭇거릴 수는 있겠지만 우리는 최종적으로 천국으로 가는 길을 선택해야 하는 사람들입니다.

> "예수께서 이르시되 손에 쟁기를 잡고 뒤를 돌아보는 자는 하

나님의 나라에 합당하지 아니하니라 하시니라"(눅 9:62)

또한 이 땅에서 손이나 발 한 쪽을 잃더라도, 심지어 눈 하나를 뽑아버리더라도 반드시 가야 할 곳이 천국이라고 설명하셨습니다. 물론 예수님은 천국에 대해서 강조하시기 위해 역설적으로 말씀하신 것입니다만, 만약에 사실이라고 하더라도 두 눈 멀쩡하게 지옥으로 떨어지는 것보다는 눈 한 쪽이 없이 천국으로 가는 것이 더 낫지 않겠습니까? 천국으로 가는 길에 인생을 걸어야 한다는 말씀인 것입니다.

"만일 네 눈이 너를 범죄하게 하거든 빼버리라 한 눈으로 하나님의 나라에 들어가는 것이 두 눈을 가지고 지옥에 던져지는 것보다 나으니라"(막 9:47)

심지어는 집이나 가족이나 자녀를 떠나는 한이 있더라도 천국에는 꼭 가야 한다고 말씀하셨습니다. 물론 정말로 부모나 자식을 버리라는 말씀은 아닙니다. 부모나 자식 때문에 믿음을 포기하는 일은 하지 말라는 뜻입니다. 생각해 보십시오. 정말로 만약에 그런 상황을 만난다면 부모나 형제나 아내나 자녀들과 헤어지는 일이 어디 쉽겠습니까? 마치 인생을 전부 버리는 것과 같은 아픔과 고통과 비난과 자책감으로 인하여 몹시 고통스러운 시간을 보낼 수밖에 없을 것입니다. 그런데 그렇게 하더라도 천국으로 가는 길을 선택해야 한다는 말씀인 것입니다. 물론 무엇을 더 얻고자 그런 일을 해서는 안 됩니다. 하지만 내세에 영생을 선물로 받기 위해서는 반드시 그렇게 해야만 한다는 말씀입니다.

"이르시되 내가 진실로 너희에게 이르노니 하나님의 나라를 위하여 집이나 아내나 형제나 부모나 자녀를 버린 자는 현세에 여러 배를 받고 내세에 영생을 받지 못할 자가 없느니라 하시니라"(눅 18:29~30)

보화보다, 재산보다, 육체의 한 부분보다, 눈 한쪽보다 더 귀한 것이 무엇이 있겠습니까? 그런 것들 모두를 합친 것보다 혈육을 떠나는 것은 더 힘들지 않겠습니까? 혈육을 버리지 않기 위해서 재산이나 신체의 일부를 버린다고 해도 귀한 것일 텐데, 더 나아가서 심지어 자식을 떠나더라도 꼭 가야 할 곳이 또 어디에 있겠습니까? 물론 천국은 죽어야 가는 곳이지만, 이 땅에서 예수님을 믿음으로만이 갈 수 있는 곳입니다. 믿음은 지금부터 천국 누림에 들어가게 만드는 것입니다. 지금이 천국에 갈 수 있는 마지막 기회가 될지도 모른다는 사실을 믿으시기 바랍니다.

4) 천국은 겸손해야 갈 수 있습니다.

천국은 겸손하고 심령이 가난한 사람들의 것입니다. 물론 겸손한 것 한 가지만으로 천국에 가는 것은 아닙니다만, 여기에서 겸손이란 특히 하나님 앞에 자신을 낮추는 것을 말합니다. 그것은 동시에 하나님 없으면 죽겠다는 심령을 말하는 것입니다. 그것이 심령이 가난한 사람들의 특징인데, 여기에서 가난이란 상대적인 가난이 아니라 절대적인 가난을 뜻합니다. 그러니까 지금 당장 굶을 수밖에 없는, 낮아질 대로 낮아진 상태를 뜻하는 것입니다. 겸손이고 낮춤이고 그런 개념조차도 사치와 같은 그런 가난입니다. 그런 상태에 있는 사람은 하나님을 어떻게 의지하겠습니까? 하나님 아니면 죽겠다는 절박함으로 붙들지 않겠습니까? 천국은 그런 사람의 것입니다.

"심령이 가난한 자는 복이 있나니 천국이 그들의 것임이요"(마 5:3)

이 가난한 심령의 주인공들과는 정 반대편에 서있는 사람들이 있었습니다. 그들은 종교적인 위선과 교만으로 가득했던 당시 이스라엘 종교 지도자들이었습니다. 예수님은 그들을 향하여 지옥으로 쫓겨나 거기에서 울면서 한탄하고 있을 것이라고 말씀하신 바가 있습니다. 그들은 아브라함의 자손이라는 이유로 이웃 민족들을 깔보았습니다. 그들은 한마디로 겸손하지 못하고 오히려 자기들이 판단의 기준이 되어 스스로 높아진 사람들이었습니다. 더 나아가서 그들은 겸손하지 못할 뿐만 아니라 오히려 종교적인 위선으로 말미암아 예수님으로부터 저주를 받았던 것입니다. 종교적인 위선은 하나님께 직접 죄를 짓는 것입니다. 하나님의 영광을 자기들이 가로챈 것이기 때문입니다.

"또 너희에게 이르노니 동서로부터 많은 사람이 이르러 아브라함과 이삭과 야곱과 함께 천국에 앉으려니와 그 나라의 본 자손들은 바깥 어두운 데 쫓겨나 거기서 울며 이를 갈게 되리라"(마 8:11~12)

예수님은 이들과는 반대로 천국에서 칭찬받을 사람에 대해서도 말씀하셨는데 그 대표적인 사람으로 어린아이를 말씀하셨습니다. 아이들의 순수한 믿음과 어른에 대한 절대적인 의존성을 가지고 하나님을 의지할 때 천국에서 높임 받는다는 것입니다. 그것은 자기를 순수하게 낮추지 못하면 이루어질 수 없는 일입니다. 스스로 높다고 생각하거나 자기를 높이려는 사람은 천국에 적합하지 못합니다. 그래서 예수님을 진짜로 믿는 사람들은 시간이 지날수록 더 낮아져야 하는 것입니다. 오래 믿었다는데 자기를 자꾸 내세우는 사람은 거짓 믿음일 수밖에 없고 천국에 결코 들어갈 수 없는 것입니다.

"그러므로 누구든지 이 어린아이와 같이 자기를 낮추는 사람이 천국에서 큰 자니라"(마 18:4)

그렇기 때문에 천국은 종교적 열심이나 무엇을 많이 행함으로써 갈 수 있는 곳이 아닙니다. 왜냐하면 하나님은 천국의 조건을 겉으로 드러나는 것보다는 심령의 상태로 보시기 때문입니다. 많이 행하든 적게 행하든 관계없이 어떤 심령으로 행하는가 하는 것이 훨씬 중요한 것입니다. 그래서 무조건 교회에만 열심히 참석한다고 천국에 가는 것이 아니라 진실한 마음으로 하나님의 말씀에 순종하여 그 뜻대로 실천하려는 사람이 가는 곳입니다.

"나더러 주여 주여 하는 자마다 다 천국에 들어갈 것이 아니요 다만 하늘에 계신 내 아버지의 뜻대로 행하는 자라야 들어가리라"(마 7:21)

하나님께서 가장 싫어하시는 사람은 교만한 사람과 원망하는 사람입니다. 왜냐하면 교만한 사람은 하나님께 순종하기 힘들며, 원망하는 사람은 하나님을 등지기 쉽기 때문입니다. 천사가 마귀로 변한 것은 교만과 원망을 가졌기 때문입니다. 그러므로 자신의 부족함과 죄스러움을 생각하면서 자신을 낮추고 하나님 앞에 나아가야 합니다. 교만이란 자기 자신으로 가득 채워진 것이고 겸손은 자기를 버리고 하나님으로 채워진 것입니다.

"그러나 더욱 큰 은혜를 주시나니 그러므로 일렀으되 하나님이 교만한 자를 물리치시고 겸손한 자에게 은혜를 주신다 하였느니라"(약 4:6)

5) 천국은 거듭나야 가는 곳입니다.

아무리 천국으로 들어갈 수 있는 모든 조건이 갖추어지더라도 만약에 천국 문이 열리지 않는다면 아무런 소용이 없을 것입니다. 이 천국 문과 같은 것이 바로 거듭남입니다. 천국은 거듭난 사람만이 갈 수 있는 곳입니다. 거듭난다는 것은 예수님을 마음으로 믿게 된다는 뜻입니다. 단지 믿을 뿐만 아니라 예수님을 생명의 주인으로 모신다는 것입니다. 곧 예수님을 인생의 주인으로 모시고 예수님의 마음과 뜻을 따라 살아가려는 결단을 말하는 것입니다. 거듭나는 현상의 증거는 하나님의 말씀, 하나님의 나라를 믿게 되었다는 것입니다. 예수님의 말씀이 이해가 되고 가슴에 느껴지게 되는 것입니다. 거듭난다는 말은 천국백성이 된다는 것입니다.

"예수께서 대답하여 이르시되 진실로 진실로 네게 이르노니 사람이 거듭나지 아니하면 하나님의 나라를 볼 수 없느니라"(요 3:3)

이런 일은 성령님께서 임하셔야 가능한 일입니다. 문자적으로 이해하는 것과 믿는 것은 다른 이야기입니다. 알게 되었으면 믿기로 결단하고 하나님을 의지해야 합니다. 물로 난다는 것은 세례를 받을 때 물 속에 완전히 잠겼다가 나옴으로써 죽었다가 다시 살아난다는 것을 의미하며, 성령으로 난다는 것은 인간의 이성으로 믿을 수 없는 하나님의 말씀을 이해하고 믿게 되었다는 말입니다. 인간이 보이지 않고 직접 만날 수 없는 영이신 창조주 하나님을 믿는 데에는 반드시 성령님의 감동이 필수적인 것입니다.

"예수께서 대답하시되 진실로 진실로 네게 이르노니 사람이 물과 성령으로 나지 아니하면 하나님의 나라에 들어갈 수 없느니라"(요 3:5)

거듭난 사람은 천국을 향한 소망이 생기게 됩니다. 그 소망은 우리가 부활하신 예수님을 따라가게 된다는 것입니다. 거듭나서 천국에 갈 수 있는 것은 물과 성령으로 나야 하지만 거듭나기 위해서는 예수님의 부활이 전제되어야 합니다. 왜냐하면 사람들의 죄를 대신하여 십자가에 못 박히시고 죽으셨다고 해도 그 죄를 이겨내시고 죽음과 싸워 다시 살아나지 않으셨다면 그 죄를 이긴 것이 아니기 때문입니다. 거듭나는 것은 그 사람의 죄를 씻어내는 것을 말합니다. 이렇게 거듭난 사람은 하나님의 자녀가 되고 언젠가는 천국에 가게 되기 때문에 이 세상에 대한 미련에 집착하지 않고 나그네와 같은 마음으로 살 수 있게 된다는 것입니다.

"우리 주 예수 그리스도의 아버지 하나님을 찬송하리로다 그
의 많으신 긍휼대로 예수 그리스도를 죽은 자 가운데서 부활
하게 하심으로 말미암아 우리를 거듭나게 하사 산 소망이 있
게 하시며"(벧전 1:3)

세상은 하나님 앞에서는 죄로 인하여 영적으로 죽은
상태라는 것을 알아야 합니다. 예수님을 믿는 사람들도
이전에는 영적으로 죽은 사람들이었습니다. 그런데 썩지
아니할 씨이신 예수님으로 인하여 다시 살아난 사람들이
바로 우리 그리스도인들입니다. 죽은 씨로는 다시 살 수
없지만 예수님은 썩지 않을 영원한 생명의 씨였기 때문
에 다시 살아나신 것입니다. 썩어지고 죽을 씨인 세상의
물질과 영광을 이겨내고 결코 썩지 않고 영구하신 하나
님의 말씀 곧 예수님으로 인하여 우리가 천국에 가게 되
는 것입니다. 우리들의 믿음은 살아계신 씨이신 하나님
의 말씀 곧 약속으로 다시 살아나서 천국에 이르게 되는
것입니다.

"너희가 거듭난 것은 썩어질 씨로 된 것이 아니요 썩지 아니할
씨로 된 것이니 살아 있고 항상 있는 하나님의 말씀으로 되었
느니라"(벧전 1:23)

이미 예수님을 주님으로 영접한 우리들에게는 천국이 약속되어 있습니다. 언젠가 육체의 수명이 다한 후에는 저 영원한 천국에서 그리스도 예수님과 함께 영원토록 영생을 누리게 될 것입니다. 이것을 믿는다면 일시적이고 불완전할지라도 이 땅에서 천국을 누릴 수 있게 되는 것입니다.

6) 천국은 상이 있는 곳입니다.

우리가 천국을 바라볼 때 반드시 함께 기억해야 할 것이 천국의 상입니다. 기본적으로 기독교가 다른 종교와 다른 점은 상의 문제입니다. 일반적으로 모든 종교는 이 세상에서의 복에 초점이 맞추어져 있습니다. 그 말은 사람이 어떤 행위를 열심히 하거나 많이 이루면 물질이나 건강이나 장수나 번영을 얻게 해준다는 것입니다. 그것을 보상종교 또는 행위종교라고 합니다. 외적인 공로가 축복으로 돌아온다는 것입니다. 그러나 기독교는 보상종교가 아니라 은혜종교입니다. 어떤 일을 얼마나 했는가가 아니라 어떤 동기와 마음으로 했는가를 보신다는 말입니다. 물론 기독교에서도 상을 주십니다만, 그 상은 이 세상에서 결국 썩어 없어져버릴 물질이나 명예가 아니라 결코 썩지 않고 사라질 수 없는 천국에서의 영원한 상으로 주시는 것입니다. 우리가 천국에 들어간다면 그 자체로서도 엄청난 상이지만, 그와 함께 각 사람의 행위(의도가 포함된)에 따라 적절한 상을 주십니다. 그래서 성도는 하늘의 보상을 반드시 바라보아야 합니다. 그래야 이 땅에서 모든 고난과 박해를 견딜 수 있는 것입니다.

"보라 내가 속히 오리니 내가 줄 상이 내게 있어 각 사람에게 그가 행한 대로 갚아 주리라"(계 22:12)

예수님은 보물을 땅에 모아두지 말고 하늘에 쌓으라고 가르치셨습니다. 천국에 쌓아둔 보물은 절대로 없어지지도 않고 잊히지도 않습니다. 그 보물은 물질이나 명예나 영광이나 자랑이 결코 아닙니다. 이 세상에서 사람들로부터 그런 것을 바란다면 모두가 썩어져 없어져버릴 것입니다. 결국 쓰레기를 얻으려고 이리저리 애를 쓴 결과가 될 뿐입니다. 우리는 이 세상에서의 보물과 천국에서의 보물을 잘 구분해야 합니다. 기독교인들도 물론 물질이 필요하지만 그 자체가 목적이 되거나 추구하는 목표가 되어서는 안 된다는 말입니다. 하나님께서 기뻐하시는 삶을 통하여 영원토록 변치 않고 사라지지 않는 보물을 얻으려고 해야 합니다.

> "오직 너희를 위하여 보물을 하늘에 쌓아 두라 거기는 좀이나
> 동록이 해하지 못하며 도둑이 구멍을 뚫지도 못하고 도둑질도
> 못하느니라"(마 6:20)

천국에서 큰 상에 대해서는 세 군데에 기록되어 있습니다. 우선 믿음 때문에 박해를 참고 견디며 오히려 기대감을 가지면 큰 상이 있다고 하셨습니다. 그러니까 자기 육신과 물질을 위하여 애쓰는 것이 아니라 예수님을 위하여 그런 것들을 포기할 때에 큰 상을 주신다는 것입니다. 하나님을 믿는 일을 포기하지 않고 세상을 거슬러 올라갈 때 당하게 되는 사람들의 반대와 박해가 와도 끝까지 믿음을 간직할 때에 상이 크다고 하시는 것입니다. 기독교 역사 속에서 수많은 크고 작은 박해에도 불구하고 복음이 오늘날까지 전파된 것은 바로 이 하늘의 큰 상을 바라보고 이겨냈기 때문인 것입니다.

> "나로 말미암아 너희를 욕하고 박해하고 거짓으로 너희를 거
> 슬러 모든 악한 말을 할 때에는 너희에게 복이 있나니 기뻐하
> 고 즐거워하라 하늘에서 너희의 상이 큼이라 너희 전에 있던

선지자들도 이같이 박해하였느니라"(마 5:11~12)

그리고 원수라도 사랑하고 이웃을 진심으로 돌보는 사람에게 큰 상이 있다고 하셨습니다. 일반적으로 원수를 미워하는 것이 정상입니다만, 예수님은 자신을 못 박는 병사들까지 다 용서하셨습니다. 물론 누구라도 그 용서를 받아들일 때에만 그 효력이 발생하는 것이지만, 하나님은 일단 우리가 원수를 용서하는가를 보시는 것입니다. 왜 용서해야 합니까? 우선은 예수님께서 우리를 용서하셨기 때문이고, 그 다음은 우리가 원수를 용서함으로써 하나님의 아들로서의 믿음을 증명하는 것이기 때문입니다. 우리의 용서는 우리의 의지가 아니라 그리스도의 십자가 용서로 상대를 용서하는 것입니다. 그러면 하늘에서는 큰 상을 준비해 주십니다.

"오직 너희는 원수를 사랑하고 선대하며 아무 것도 바라지 말고 꾸어 주라 그리하면 너희 상이 클 것이요 또 지극히 높으신 이의 아들이 되리니 그는 은혜를 모르는 자와 악한 자에게도 인자하시니라"(눅 6:35)

또한 천국소망을 가지고 담대하게 신앙생활을 해도 큰

상을 받게 된다고 하셨습니다. 담대함은 많은 것을 이루게 하는데, 담대함으로 말미암아 세상과 싸워 이길 수 있게 되고 박해가 와도 담대한 믿음으로 견딜 수 있게 되며 극한의 어려움 속에서도 훌륭한 믿음으로 하나님의 일을 이룰 수 있게 되는 것입니다. 그것이 하나님께 영광이 될 뿐만 아니라 하나님의 사랑과 예수님의 구원을 많은 사람들에게 보여줄 수 있게 되는 것입니다. 담대함으로 복음의 통로가 되기 때문에 큰 상을 주시는 것입니다.

> "그러므로 너희 담대함을 버리지 말라 이것이 큰 상을 얻게 하느니라"(히 10:35)

하지만 꼭 큰 상이 아니더라도 아주 작은 일을 사랑으로 행하면 하나님은 거기에 맞는 상을 준비하신다고 약속하셨습니다. 사실은 작은 것을 잃어버리면 큰 것을 얻기가 어려워집니다. 작은 것에 충성하지 못하면 큰 것에도 충성하지 못하는 것입니다. 하나님 앞에서는 큰 것과 작은 것이 중요한 것이 절대 아닙니다. 크든 작든, 많든 적든 어떤 마음, 어떤 믿음으로 하는가를 보시고 상을 주시는 것입니다. 아주 작은 것에 최선을 다하는 것이 신실한 그리스도인들의 삶의 자세이고 거기에 큰 상이 주어지게 되는 것입니다.

"또 누구든지 제자의 이름으로 이 작은 자 중 하나에게 냉수
한 그릇이라도 주는 자는 내가 진실로 너희에게 이르노니 그
사람이 결단코 상을 잃지 아니하리라 하시니라"(마 10:42)

2
교회에는
무슨 예배가 그렇게 많죠?

기독교인들은 자주 교회에서 예배를 드립니다.
예배는 공적으로 드리는 신앙행위입니다.
예배는 원래 제사에서 비롯되었습니다.
예수님이 단번에 제물이 되심으로써
짐승을 잡아 제물로 바치던 제사에서
영과 진리로 드리는 예배로 바뀌었습니다.
그러므로 예배에서 가장 중요한 것은
진실하고 간절한 마음입니다.
그렇게 자주 모여서 드리는 예배는
살아계신 하나님과의 만남입니다.

1) 진정한 예배는 창조주 하나님께 드립니다.

왜 그렇게 많은 예배를 드리는가에 앞서서 기독교의 예배가 무엇인가를 먼저 살펴봅니다. 기독교와 타종교 사이의 가장 근본적인 차이점은 기독교에서는 창조주 하나님께 예배를 드린다는 사실입니다. 예배와 기도에서 가장 중요한 점이 바로 섬김의 대상에 있습니다. 아무리 진심을 다해서 모든 열정을 쏟아 부어 예배드린다고 해도 그 대상이 우상이거나 거짓 영이라면 결국 지옥으로 가는 길만 빨라질 뿐입니다. 예배의 주인은 온 우주 만물의 주인이신 하나님이십니다. 그렇기 때문에 예배를 드릴 때에는 모든 초점이 하나님께 맞추어져야 하는 것입니다. 예배의 초점이 설교자에게 맞추어져서는 안 되고, 무슨 기념예배라 할지라도 예배 자체는 '행사'나 '사람'에게 맞추면 안 됩니다. 그렇게 되면 이미 예배가 아닙니다.

"오직 큰 능력과 편 팔로 너희를 애굽에서 인도하여 내신 여호와만 경외하여 그를 예배하며 그에게 제사를 드릴 것이며"(왕하 17:36)

하나님께서 언제 진노하시는지 아십니까? 하나님의 백성들이 다른 대상에게 예배를 행할 때입니다. 소위 우상숭배라는 것인데, 하나님은 왜 이렇게 우상숭배를 싫어하시고 진노하시는 것일까요? 하나님께서 질투가 나서 그러실까요? 물론 성경에는 질투하시는 하나님이라고 여러 번 말씀하셨습니다만(신 6:15), 그것은 순전히 하나님을 믿는 백성들 때문이라는 것을 알아야 합니다. 왜냐하면 하나님의 백성들이 하나님을 떠나 우상을 숭배하게 되면 그들에게는 저주밖에는 남지 않을 것이기 때문입니다.

> "(아하시야 왕이) 바알을 섬겨 그에게 예배하여 이스라엘의 하나님 여호와를 노하게 하기를 그의 아버지의 온갖 행위 같이 하였더라"(왕상 22:53)

그런데 꼭 우상에게 절하고 예배하는 것만이 우상숭배는 아닙니다. 오늘날에는 특정한 우상에게 예배하지 않더라도 하나님보다 사업이나 일을 우선적으로 생각하는 것은 우상에게 예배하는 것과 같습니다. 물질도 성공도 인간관계도 전부 우상이 될 수 있습니다. 하나님을 예배한다는 것은 관중의 입장에서 구경하는 것이 아닙니다.

관중예배는 예배의 세련됨이나 설교의 설득력 또는 성가대의 음악의 질에 따라 은혜를 받기도 하고 마음이 상하기도 할 것입니다. 하지만 그렇게 되면 단지 예배의 구경꾼에 그칠 수도 있습니다. 예배는 우선 자신을 구원해주신 하나님을 찬양하고 베풀어주신 은혜를 깊이 생각하면서 감격하는 마음으로 하나님께 올려드려야 합니다. 비록 성도의 자리에 앉아있지만 예배 때에는 하나님과 일대일의 관계가 형성되어야 하는 것입니다. 그래서 공예배 가운데에서 개인예배가 성립되는 것입니다. 환경이나 조건이 아니라 오직 하나님께만 초점을 맞추어야 참된 예배가 될 수 있습니다.

"오직 나는 주의 풍성한 사랑을 힘입어 주의 집에 들어가 주를 경외함으로 성전을 향하여 예배하리이다"(시 5:7)

원래 하나님은 온 우주만물의 찬양과 경배를 받으셔야 합니다. 지금 많은 민족들이 하나님께 예배드리고 있습니다. 이스라엘의 하나님이 아니라 인류의 하나님이시고 당신의 하나님이십니다. 기독교 하면 예배가 그 성격을 정의할 수 있습니다. 교회가 곧 예배이고 예배를 통하여 복음이 선포되는 것입니다. 교회를 박해할 때는 먼저 예배를 드리지 못하게 합니다. 그만큼 예배가 중요한 것이고, 예배가 중심이 되어야 기독교 신앙은 살아날 수 있는 것입니다. 참된 예배, 살아있는 예배가 반드시 필요합니다.

> "땅의 모든 끝이 여호와를 기억하고 돌아오며 모든 나라의 모든 족속이 주의 앞에 예배하리니"(시 22:27)

지금 하나님은 언제 어디에나 계십니다. 수천 명이 예배를 동시에 드리고 있어도 하나님은 성령님으로 인하여 각 성도에게 일일이 간섭하시고 각 개인으로부터 예배를 받으실 수 있습니다. 그래서 공적 예배뿐 아니라 생활 가운데에서도 항상 하나님을 예배하는 마음으로 신실하게 살아야 하는 것입니다. 예배를 잘 드렸는데 세상에서 살 때에는 하나님을 전혀 의식하지 않는다면 그 예배는 실패한 예배이기가 쉬운 것입니다.

> "우리가 그의 계신 곳으로 들어가서 그의 발등상 앞에서 엎드려 예배하리로다"(시 132:7)

2) 교회에서는 예배를 자주 드립니다.

앞에서 살펴본 바와 같이 교회에서는 예배를 자주 드립니다. 주일예배부터 새벽기도회까지 드리면 한 주에 열 번은 예배를 드립니다. 물론 모든 성도들이 모든 예배에 똑같이 출석해야 하는 것은 아니지만 다양한 예배생활을 통하여 하나님을 더욱 의지하고 형제사랑을 더욱 돈독하게 합니다. 교회에서 행해지는 예배만 열심히 드린다고 해서 되는 것이 아니고 오히려 세상에 나아가 이웃과 세상을 향하여 참된 복음적인 삶을 살아야 예배가 완성되는 것이지만, 그럼에도 불구하고 기독교인들의 모든 삶은 충분한 예배로부터 출발해야 하는 것은 틀림이 없습니다. 성경은 성도들이 자주 모여서 예배드릴 것을 권합니다. 예배라는 개념이 특별한 날에 드리는 예식이 아니라 삶과 늘 결부된 하나님과의 교제이기 때문입니다.

"모이기를 폐하는 어떤 사람들의 습관과 같이 하지 말고 오직 권하여 그 날이 가까움을 볼수록 더욱 그리하자"(히 10:25)

초대 예루살렘 교회에서도 항상 모이기를 힘쓰고 함께 식사를 나누고 교제하고 하나님께 찬양 드리고 기도

하기를 힘썼습니다. 거기에만 그치는 것이 아니라 마치 천국과도 같이 서로 음식을 함께 하고 필요에 따라 물질을 나누고 날마다 찬양을 함으로써 주변의 믿지 않는 사람들로부터 칭송을 받았던 것입니다. 그러니까 교회가 개방되어 예배가 삶이 되고 기도를 행동으로 실천했다는 말입니다. 성도의 삶은 교회이든 세상이든 직장이든 집안이든 하나가 되어야 합니다. 그 중심이 예배라는 말입니다. 이러한 천국과도 같은 모습 때문에 새로운 신자가 나날이 늘어갔던 것입니다.

> "날마다 마음을 같이하여 성전에 모이기를 힘쓰고 집에서 떡을 떼며 기쁨과 순전한 마음으로 음식을 먹고 하나님을 찬미하며 또 온 백성에게 칭송을 받으니 주께서 구원 받는 사람을 날마다 더하게 하시니라"(행 2:46~47)

이런 모습들은 신약시대에만 있었던 것은 아닙니다. 구약시대의 이스라엘 백성들도 매월 첫날과 적어도 한 주간에 하루는 시간을 내어서 온 가족이 여호와 하나님께 나와서 예배를 드렸습니다. 이때는 제사를 말하는 것이 아니라 따로 회당에 모이는 것을 뜻했습니다. 단지 그냥 모여서 말씀을 듣고 교제하는 것이 아니라 그런 절기를 따라 농작물이나 헌금을 어려운 이웃들에게 나누기도 하고 삶에서는 곡식밭의 한쪽 끝이나 포도열매 일부를 남겨둠으로써 지나가는 행인이나 나그네나 어려운 이웃들에게 나누어주기도 했습니다. 하나님의 율법은 마음과 뜻과 힘을 다해서 하나님을 사랑하고 섬기는 것에서 더 나아가 이웃을 마치 자기 자신과 같이 사랑하는 것을 포함합니다. 그렇게 하려면 정해진 날에 모두가 함께 모이거나 수시로 교제하는 생활을 할 수밖에 없습니다. 그 중심에 하나님을 진정으로 예배하는 삶이 자리 잡고 있는 것입니다. 그것이 교회 예배 중심의 신앙생활을 강조하는 이유입니다.

"여호와가 말하노라 매월 초하루와 매 안식일에 모든 혈육이 내 앞에 나아와 예배하리라"(사 66:23)

구약시대에는 하나님께서 필요에 따라 임하기도 하시고 떠나기도 하셨습니다만, 신약시대에 와서는 예수님께서 성령님을 통하여 성도들 안에 내주하시기 때문에 따로 시간을 특별히 내려고 할 필요는 없습니다. 그러나 그렇다고 해서 공적인 예배가 필요 없다는 뜻은 아닙니다. 왜냐하면 예배는 공동체가 함께 드리는 경배활동이니까요. 공동체 곧 한 몸 되는 교회가 자주 모일수록 좋다는 것입니다.

하지만 교회에 모여서 예배를 드리는 것으로 그쳐서는 안 됩니다. 왜냐하면 우리의 삶 자체가 예배이기 때문입니다. 그렇다고 늘 긴장하라는 이야기가 아니라 예배에서와 같이 늘 하나님 앞에 있다는 마음으로 살아야 한다는 이야기입니다. 이웃을 사랑하고 원수를 용서하기 위해 기도하고 자기와 반대편에 있는 사람과도 화해하고 모든 일을 하나님의 영광을 위해서 살아가는 모든 것이 참된 예배인 것입니다.

3) 기독교 예배에는 여러 종류가 있습니다.

초대교회 예배는 말씀과 성찬예식 중심의 예배였다고 전해지고 있습니다. 성찬예식이란 예수님의 살을 상징하는 떡과 피를 상징하는 포도주를 나누면서 모두가 형제로서 예수님의 십자가 희생을 기리는 의식을 말합니다. 그런데 신앙생활의 형식이 발전한 것도 예배형식과 관계가 깊습니다. 종교개혁 이후로 만인제사장론(누구나 하나님 앞에 제사장이 될 수 있다는 신학사상)을 따라 예배 구성원의 평등화가 일어났고, 차츰 성찬예식이 빠지면서 오늘날의 영적 예배로 정착되었던 것입니다. 그러나 지금도 매주일 예배 때마다 성찬을 행하는 예배를 드리는 교회들도 많이 있습니다. 중요한 것은 정말 하나님께만 드리는 예배인가 하는 점입니다. 아무튼 교회에서는 여러 가지 예배를 매주마다 드리고 있습니다.

• 주일예배는 예수님이 죽으셨다가 사흘 만에 부활하신 날(일요일)을 기념하여 매주 드리는 예배입니다. 주일이란 '주의 날'이라는 뜻입니다. 원래 유대교에서는 안식일(토요일)을 지켜왔지만, 초대교회에서는 예수님께서 율법을 완성하셨으므로 주님께서 부활하신 일요일에 모여서 예배를 드리기 시작했던 것입니다. 그리고 교회가 발전하면서 전 세계에 흩어져서 예배를 드릴 때 일요일 예배가 전통으로 자리 잡게 되었던 것입니다. 물론 모든 교회는 주일예배를 기준으로 활동하고 있습니다만, 어떤 예배이든지 하나님께 드리는 본질만은 변함이 없어야 하겠습니다.

"그 주간의 첫날(일요일)에 우리가 떡을 떼려 하여 모였더니 바울이 이튿날 떠나고자 하여 그들에게 강론할새 말을 밤중까지 계속하매"(행 20:7)

• 수요예배(삼일예배)는 원래 정해진 것은 없으나 우리나라에서 주일 이후 삼일 째 되는 날에 수요기도회로 모이던 것이 수요예배로 정착된 것입니다. 7일 간의 기간이 너무 길다고 생각하여 중간에 날을 정하여 드리는 것이며, 매일같이 하나님 중심으로 살기 위해 드리는 예배입니다. 원래 저녁에 드려왔으나 오늘날에는 오전 시간에 드리기도 합니다. 구약성경에는 셋째 날과 일곱째 날에 대한 규례가 있어서 수요예배의 근거를 거기에서 찾는 경우도 있습니다만, 그보다는 우리나라에서만 드려지고 있는 좋은 신앙전통이라고 할 수 있습니다.

"그는 셋째 날과 일곱째 날에 잿물로 자신을 정결하게 할 것이라 그리하면 정하려니와 셋째 날과 일곱째 날에 자신을 정결하게 하지 아니하면 그냥 부정하니"(민 19:12)

• 금요예배(기도회)는 예수님께서 금요일에 돌아가셨기 때문에 주님의 고난을 생각하면서 드리는 예배입니다. 예수님께서 고난을 앞두고 제자들과 감람산에 가셔서 땀이 핏방울이 될 정도로 간구하셨습니다. 그리고 그 직후에 예수님께서 체포되셔서 대제사장의 집으로 끌려가셨습니다. 이렇게 예수님의 고난과 기도를 본받고 십자가

로 다시 돌아가기 위하여 금요예배(기도회)가 드려졌던 것입니다. 원래 토요일 새벽까지 철야하며 기도하는 금요철야기도회였으나 시대가 바뀌면서 금요심야기도회 또는 금요예배로 모이게 되었습니다.

"예수께서 힘쓰고 애써 더욱 간절히 기도하시니 땀이 땅에 떨어지는 핏방울 같이 되더라"(눅 22:44)

• 새벽예배(기도회)는 예수님이 새벽마다 기도하시던 습관을 따라 하루의 첫 시간을 드리는 예배입니다. 하루를 예배와 말씀으로 시작하는 것은 참으로 경건한 신앙인의 표상과도 같은 것입니다. 명칭이 새벽기도회이든 새벽예배이든 하나님을 예배하고 기도하는 것은 동일합니다. 그 중요성이나 우선순위가 뒤처지는 것이 아닙니다. 모두 똑같은 중심으로 예배를 드려야 합니다.

"새벽 아직도 밝기 전에 예수께서 일어나 나가 한적한 곳으로 가사 거기서 기도하시더니"(막 1:35)

"예수께서 나가사 습관을 따라 감람산에 가시매 제자들도 따라갔더니"(눅 22:39)

이렇게 공적인(공동체적인) 예배 이외에도 신앙인들은 생활 속에서 여러 가지 예배를 드립니다. 구역(속)예배, 소그룹예배, 심방예배, 이사예배, 가정예배 등 필요에 따라 드리게 됩니다. 예배형식은 다양하고 또 간략화되기도 합니다만, 그 속에서 하나님을 진정으로 경배하기 위한 원래의 목적이 사라진다면 하나님은 그 예배를 받지 않으실 것입니다. 얼마나 자주 예배를 드리는가 하는 것이 중요한 것이 아니라 얼마나 진정으로 예배드리는가 하는 것이 훨씬 중요합니다. 기독교의 모든 신앙 활동은 예배와 기도를 중심으로 펼쳐집니다. 그래서 얼마나 예배를 진심으로 드리는가 하는 것이 그 사람의 신앙을 좌우한다고 할 수 있는 것입니다.

4) 예배는 영과 진리로 드리는 것입니다.

그러면 왜 구약에서는 제사를 드리고 신약에 와서는 예배를 드리는 것입니까? 구약에서는 왜 죄 지은 사람 대신 짐승을 죽여 그 피를 가지고 제사를 드리고 신약에서는 그런 눈에 보이는 것들로 예배하지 않고 왜 노래나 말로만 예배를 드리게 된 것입니까? 그것은 예수님께서 육체를 입고 내려오셔서 인간의 모든 죄를 대신하여 '제물'

이 되시고 죽으셨다가 부활하셨기 때문입니다. 그리고 부활하신 후에 성령 하나님을 우리에게 보내주셨기 때문입니다. 하나님은 영이십니다. 구약에서는 성령님이 우리 안에 계시지 않으셨으므로 눈에 보이는 육적인 제사를 드릴 수밖에 없었지만 오늘날 우리에게 오신 성령님은 영으로서 우리 안에 내주하시고 영원토록 함께 계시기 때문에 예배도 영으로 드릴 수 있게 된 것입니다.

사람은 비록 육체를 입고 있지만 영을 가진 존재이고 또 성령님의 능력이 임하시기 때문에 하나님과 영적으로 교제가 가능해진 것입니다. 그래서 오늘날의 예배에서는 한 사람 한 사람의 마음이 아주 중요해지는 것입니다. 똑같이 예배를 드려도 영과 진리로 드리는 사람이 있고 형식이나 단지 절차로서 예배드리는 사람도 있는 것입니다.

"하나님은 영이시니 예배하는 자가 영과 진리로 예배할지니라"(요 4:24)

또한 오늘날의 예배는 복음의 진리 안에서 드려져야 합니다. 영으로 예배드린다고 해도 어떤 신비한 현상이나 개인의 독특한 은사 안에서만 예배드릴 수도 있습니다. 그렇게 되면 정말 하나님께서 원하시고 기뻐하시는 예배가 무엇인지를 알 수 없게 될 수 있습니다. 저마다 자기가 하나님을 진정으로 예배한다고 주장한다면 굉장히 혼란스러워질 것이고, 더구나 이단이나 악한 영의 지시를 받은 사람들도 예배에 포함된다면 혼란은 극에 달할 것입니다.

사실 우리는 영적으로 예배드린다는 말을 정확하게 느끼기는 힘이 듭니다. 설교에 크게 공감하거나 하나님의 응답을 받고 난 이후 감정이 고조되었다고 해도 영으로 드리는 예배가 아닐 수 있습니다. 이런 모든 예배들을 예배답게 만들기 위해서 진리의 예배가 필요해지는 것입니다. 영으로만 예배드려도 안 되고 진리로만 예배드려도 안 됩니다. 감정이 고조되고 기쁨이 넘친다고 해도 진리 곧 말씀의 테두리를 벗어나서는 안 되고, 냉정하게 교리와 말씀 안에서 예배드린다고 해도 싸늘하게 식은 예배여서는 안 되는 것입니다.

"아버지께 참되게 예배하는 자들은 영과 진리로 예배할 때가 오나니 곧 이 때라 아버지께서는 자기에게 이렇게 예배하는 자들을 찾으시느니라"(요 4:23)

만약에 예배를 잘 준비해서 성대하게 드리는데 하나님이 아니라 다른 인간이 더 높아지거나 어떤 목적이 중심이 되는 예배라면 그것은 하나님께서 받으시는 예배가 될 수 없을 것입니다. 복음 안에서 예수님께 모든 초점이 맞추어질 때 그 예배는 영과 진리로 드리는 예배가 될 것입니다. 세상에서 그 어떤 큰일을 이루고 높은 위치에 있는 사람들이라도 예루살렘 성산에서 여호와께 예배하지 않는다면 다 잘못된 것입니다. 때로는 어떤 행사나 목적을 위한 예배를 드린다면서 하나님을 빼놓는 경우도 자주 발견할 수 있는데, 다른 것은 예배 후에 진행하더라도 예배 자체는 오직 하나님께만 드리는 것이어야 하는 것입니다.

"그 날에 큰 나팔을 불리니 앗수르 땅에서 멸망하는 자들과 애굽 땅으로 쫓겨난 자들이 돌아와서 예루살렘 성산에서 여호와께 예배하리라"(사 27:13)

그러나 영과 진리로 드린다고 해서 구약의 제사의 의미가 사라지는 것은 절대 아닙니다. 구약의 제사에서 짐승이 죽지 않는다면 그것은 제사가 아니듯이 오늘날의 예배에서도 우리 자신이 죽지 않으면 진정한 예배가 성립될 수 없습니다. 죽는다는 것은 자기 생각이나 자랑이나 걱정이나 일상의 문제를 다 하나님 앞에서 내려놓아야 한다는 말입니다. 모든 문제와 우리 자신의 생명까지도 하나님께 맡길 때 영과 진리의 예배가 가능해지는 것입니다. 그래서 영과 진리로 드리는 예배는 예수님이 중심이 되시고 성도 한 사람 한 사람이 스스로 제물로 드려진다는 예배 자세가 중요해지는 것입니다. 스스로 제물이 된다는 것은 내가 희생되어 하나님께 영광을 돌려드리는, 곧 하나님께 나의 전 인생을 다 맡기는 결단을 드린다는 것입니다. 이런 마음으로 공적 예배를 드릴 때 우리는 관객이 아니라 주인공으로 영적 예배를 드릴 수 있게 되는 것입니다.

"그러므로 형제들아 내가 하나님의 모든 자비하심으로 너희를 권하노니 너희 몸을 하나님이 기뻐하시는 거룩한 산 제물로 드리라 이는 너희가 드릴 영적 예배니라"(롬 12:1)

5) 예배는 하나님과의 교제입니다.

우리가 반드시 알아야 할 것은 예배는 기본적으로 하나님과의 교제라는 것입니다. 예배를 드린다면서 자기 소원을 아뢰거나 문제를 해결하는 수단으로, 또는 종교적인 절차나 의무로서 생각한다면 하나님과의 기본적인 교제가 사라지게 됩니다. 물론 성도가 하나님과 교제할 수 있는 방법에는 예배만 있는 것은 아닙니다. 성도는 기도와 말씀과 찬양과 봉사와 성도 간의 교제 등을 통하여 개인적으로 하나님과 늘 교제할 수 있습니다. 그런데 이런 모든 것을 종합한 행위가 바로 예배입니다. 이런 모든 방식들은 그 하나하나를 통하여 참된 교제가 일어날 수 있지만, 모든 요소들이 예배 안에 들어있어야 하는 것입니다. 그리스도의 몸인 교회의 지체들이 함께 모여 예배하는 것이 바로 공적 예배인 것입니다. 말하자면 공적 예배는 모든 성도들이 한 몸으로서 함께 하나님과 교제할 수 있는 유일한 방법인 것입니다.

그러나 예배는 무조건 드린다고 해서 다 받으시는 것이 아닙니다. 하나님께서 예배를 구걸하지 않으십니다. 준비 없고 마음이 떠난 예배는 하나님께서 안 받으실 수 있습니다. 하나님은 사랑으로 예배를 받고자 하시는데 드리는 사람이 사랑이 없이 건성으로 드린다면 어떻게 받으시겠습니까? 그것은 하나님과의 교제가 될 수 없습니다. 하나님께 드리는 인류 최초의 제사에서 동생인 아벨의 제사는 하나님께서 받으셨지만 형인 가인의 제사는 받지 않으셨습니다. 무슨 차이겠습니까? 동물제사와 곡식제사의 차이가 아닙니다. 각각 자기의 직업을 따라 제사를 드리면 되는 것이기 때문입니다. 그래서 그 차이는 바로 준비된 심령의 차이인 것입니다.

성경에 명확하게 나오는 것은 아니지만 우리는 자기의 제사를 하나님께서 받지 않으셨을 때 드러내는 반응에서 미루어 짐작할 수 있습니다. 만약에 자기 제사를 받지 않으셨으면 그 이유를 알기 위해 기도하고 잘못된 태도를 회개하고 고쳐야 함에도 불구하고 가인은 곧바로 하나님께 반항하고 또 그 직후에 동생 아벨을 돌로 쳐서 죽였던 것입니다(창 4:8). 그것이 자기욕심으로 드리는 예배의 증거인 것입니다.

> "아벨은 자기도 양의 첫 새끼와 그 기름으로 드렸더니 여호와께서 아벨과 그의 제물은 받으셨으나 가인과 그의 제물은 받지 아니하신지라 가인이 몹시 분하여 안색이 변하니"(창 4:4~5)

하나님을 예배하는 사람들은 아름답고 거룩한 것을 준비하여 최고의 것으로 예배드려야 합니다. 사실 하나님께서 아름답고 거룩한 물건이 필요하시겠습니까? 물건이 아니라 물건을 준비한 사람의 진실함을 보시는 것입니다. 물론 사람이 준비하는 모든 외적인 것에는 그 사람의 마음이 포함되어 있습니다. 다만 그 외적인 조건에만 초점을 맞추는 것을 경고하시는 것입니다. 가진 것이 없고 드릴 것이 없을 때 초라하고 보잘 것 없는 것으로 준비할 수도 있지만 그럴 때에도 하나님은 겉으로 보이는 것이 아니라 그 사람의 마음의 진실함과 간절함을 보시는 것입니다. 하나님은 성도들과 온 마음이 담긴 진실한 교제를 나누기를 원하십니다.

"아름답고 거룩한 것으로 여호와께 예배할지어다 온 땅이여 그 앞에서 떨지어다"(시 96:9)

그래서 극한 고난에서 오히려 하나님과 더욱 진실하고 깊은 교제가 이루어질 수 있는 것입니다. 그것은 마치 제물을 죽여서 자기 죄를 대신하는 것과 같은 마음으로 자신을 죽이는 것입니다. 사실은 부자가 근사한 제물을 준비하는 것이 가난한 사람이 성심껏 제물을 준비하는 것보다 훨씬 더 어렵습니다. 왜냐하면 그들은 버려야 할 것이 많기 때문입니다. 우리는 하나님과 교제할 때 우리에게 남은 것이 적을수록 참된 교제를 할 가능성이 높습니다. 물론 우리의 신앙이 성장하여 가진 것이 많든 적든 똑같이 하나님과 교제할 수 있어야 하겠습니다만, 모든 경우에 마치 우리의 생명까지도 드리는 것과 같은 마음으로 예배를 드릴 때 하나님은 100% 우리 예배를 받으실 것입니다. 작은 목적의 예배라 할지라도 우리는 모든 것을 잃어버렸던 욥과 같은 마음과 태도로 예배를 드려야 하는 것입니다.

> "욥이 일어나 겉옷을 찢고 머리털을 밀고 땅에 엎드려 예배하
> 며"(욥 1:20)

마지막으로 교회에서 드려지는 예배의 가장 본질적이고 핵심적인 부분을 이야기합니다. 우리가 직접적으로 느낄 수 있는 것은 아니지만 이렇게 예배를 드릴 때마다 우리는 살아계시고 인격적인 교통이 가능한 하나님과 대화와 교제를 나눈다는 사실입니다. 아무리 많은 예배를 드리고 크고 비싼 제물을 준비한다고 해도 누구에게 드리는 예배인지조차도 알지 못하고 드린다면 괜한 헛수고에 불과하게 될 것입니다. 자기만족이나 허황된 소망으로 예배를 드리는 것은 아니지 않습니까? 그런데 교회에서 예배를 드릴 때조차도 이런 모습의 예배가 많은 것이

사실입니다. 기독교의 예배에서는 하나님과의 인격적인 관계가 전제되어야 합니다. 인격적인 교제는 환상이나 음성이 아니라 성경말씀 안에서 말씀으로 하나님과 교통하는 것입니다. 우리는 우리를 실질적으로 구원하고 언제나 함께하실 수 있는 하나님과 교제하기 위해서 교회에 자주 모여서 영과 진리로 예배를 드리는 것입니다.

"너희는 알지 못하는 것을 예배하고 우리는 아는 것을 예배하노니 이는 구원이 유대인에게서 남이라"(요 4:22)

3
성경이 정말
하나님의 말씀 맞나요?

비신자들이 기독교를 비판할 때
교회는 보편적인 논리로 설명하지 못하고
성경으로 증명하려고 한다고 합니다.
이것을 순환논법이라고 하는데, 맞는 말씀입니다.
만약에 성경이 하나님의 말씀이 아니라면
순환논법은 무용지물이 될 것입니다.
왜냐하면 설득력이 없기 때문입니다.
하지만 성경이 하나님의 말씀이라면
순환논법 밖에는 달리 방법이 없습니다.
성경은 하나님의 말씀이 분명하며
성경에서 기록된 대로 다 이루어졌습니다.

1) 성경형성에는 역사가 있습니다.

성경의 창세기는 히브리인들에게 구전으로 내려오던 이야기였습니다. 그것을 B.C.1450년경에 모세가 초기 히브리어로 기록했는데, 구약성경의 마지막 책인 말라기가 쓰인 B.C.400년경에는 발전된 히브리어 문자로 성경이 기록되어 정착되었습니다.

그렇지만 구약은 오랜 세월을 거치면서 정경으로 확립되는데, 모세오경이 B.C.444년에 정경화되고 그 후 B.C.100년경까지 구약 39권 전체의 정경화 과정을 거치면서 완전히 형성됩니다. 물론 이렇게 기록된 성경은 원본은 알 수 없는데, 여러 가지 사본들이 전해져 내려왔으며 이 사본들을 종합하여 구약정경으로 결정하게 된 것입니다.

예수님 승천하신 후 약 20여 년간은 초대교회에서도 주로 구약성경만을 사용하였으며, A.D.45년에 최초로 야고보서가 기록되었고, A.D.70년경에 공관복음서(마태복음, 마가복음, 누가복음)가 만들어졌으며, 그 후 A.D.95년경에 요한계시록이 기록되면서 신약성경을 이루게 되는 것입니다.

하지만 소위 외경이라고 불리는 문서와 함께 여러 가

지 다른 문서들이 존재했었는데, 오늘날처럼 신약성경 27권이 정경으로 확정된 것이 A.D.397년 카르타고 공의회에서였습니다. 현재의 신약성경뿐 아니라 다른 문서들도 정경에 포함되었다가 거부되었다가 하는 등 여러 과정을 거쳤던 것입니다.

　신약성경 정경의 표준은 사도와의 관계성, 내용이 하나님의 뜻과 일치하는가, 보편적으로 인정받을 수 있는가, 성령의 계시로 볼 수 있는가의 영감성, 성령께서 많은 사람들에게 확신을 주었는가 등 다섯 가지로 볼 수 있습니다. 그리고 가장 핵심적인 요소는 그리스도 중심적인가 하는 점입니다. 구약성경의 정경성은 예수님께서 구약성경을 꾸준히 인용하셨다는 데에서 근거를 찾을 수 있고, 신약성경은 하나님의 아들로 오신 주님의 말씀과 뜻을 제자들이 기록한 것이기 때문에 성령님께서 저술하신 정경임에 틀림이 없는 것이다.

　비록 성경이 여러 사람들의 기록에 의해 오랫동안 만들어지면서, 경전으로 확립되기까지 여러 과정들이 있었지만, 오히려 그렇기 때문에 사람에게 성령으로 임하셔서 함께 일하시는 하나님의 사랑을 깨달을 수 있는 것이며, 성경의 문자적인 기록이 곧 하나님의 음성임을 믿을 수 있는 것입니다. 성경이 성령님의 감동으로 정경으로 확정되었고 그렇기 때문에 하나님의 말씀이 틀림이 없지만 역시 사람이 기록한 것이기 때문에 다소간의 오류가 나올 수는 있을 것입니다. 그럼에도 불구하고 성경은 성령님의 인도 아래 많은 저자들을 통하여 동일한 주제와 목표를 향하여 기록되었다는 것은 우리가 성경을 틀림없는 하나님의 말씀으로 받아들이기에 충분한 것입니다. 그렇기 때문에 우리는 성경이 하나님의 음성이며 동시에 하나님의 인격이라는 사실을 믿을 수 있는 것입니다. 신약성경의 말씀들은 바로 예수님 자신입니다.

참고로 우리말 성경의 역사는 한국에 파송된 선교사들의 역사와 함께 시작되었는데, 처음에 한글로 성경을 번역한 사람은 스코틀랜드 연합장로교회 선교사로 중국에 파송된 로스(John Ross)로 알려져 있습니다. 그는 성경을 한국어로 번역하기 시작한 지 11년 뒤인 1887년에 신약성경을 우리말로 출간하였습니다. 한편 1882년에 이수정은 일본에서 역시 중국어 성경을 사용하여 신약성경의 일부를 번역하였는데, 한국 개신교의 첫 선교사 언더우드와 아펜젤러는 인천에 상륙하면서 그가 번역한 마가복음을 가지고 들어왔습니다.

한글판 구약성경은 언더우드와 아펜젤러가 들어온 지 8년 뒤인 1893년에 미국성경협회의 지원을 받아 설립된 성경실행위원회와 성경번역자회의 주도하에 1906년에 출간되었으며, 신구약을 다 담고 있는 한국어 성경(구역)은 1911년 3월에 신구약 3권으로 출간되었습니다. 한편 1938년에는 '구역' 성경을 개정한 성경 '개역'판이 출간되었습니다. 그 뒤 이 성경은 철자 수정과 본문 수정을 거쳐 1961년에 '성경전서 한글개역판'으로 고정되었고, 이것을 2010년 이후에 다시 개정하여 개역개정판으로 널리 사용하게 된 것입니다. 여기에 1983년에 표준새번역이 출간되었고, 중간에 가톨릭교회와 공동으로 만든 공동번역성경이 나오게 되었습니다.

2) 성경의 전체 내용을 알아야 합니다.

성경의 내용은 크게 구분하여 구약은 율법서, 역사서, 시가서, 선지서로 구성되어 있고 신약은 복음서, 역사서, 서신서, 예언서로 구성되어 있습니다. 우선 구약을 살펴보면 율법서는 창세기, 출애굽기, 레위기, 민수기, 신명기까지 5권이며 이 전체를 모세오경이라고 합니다. 모세가 기록했다고 알려져 있는데, 사실은 이 다섯 권은 원래 한 권이었다고 합니다. 역사서는 여호수아, 사사기, 룻기가 있고, 그 다음에 이스라엘 왕조의 기록들인 사무엘 상하, 열왕기 상하, 역대기 상하가 기록되었고, 그리고 이스라엘이 패망하고 난 이후의 포로기에 기록된 에스라, 느헤미야, 에스더까지 총 12권이 있습니다.

시가서는 욥기를 비롯하여 시편, 잠언, 전도서, 아가서까지 5권인데, 시가서란 하나님께서 일하시는 세상에서 인간의 경험을 있는 그대로 기록하고 있는 지혜에 관한 내용들이라고 할 수 있습니다. 지혜란 어떤 문제를 해결하는 것이 아니라 인간의 삶에 관한 마음가짐이나 자세 등을 말하는 것입니다. 다른 모든 성경은 전부 하나님을 중심으로 기록되어 있는데 시가서는 인간을 중심으로 기록되어 있습니다.

그리고 구약의 나머지는 선지서(예언서)로서 17명의 선지자들이 하나님의 말씀을 받아서 전파한 내용입니다. 대선지서로 이사야, 에스겔, 예레미야, 애가, 다니엘을, 나머지 12선지서를 소선지서로 말하기도 합니다. 또한 시대적으로 구분한다면 포로기 이전의 남유다 선지자로 이사야, 예레미야, 요엘, 오바댜, 미가, 나훔, 하박국, 스바냐가 있고, 이스라엘 선지자로 호세아, 아모스, 요나가 있습니다. 포로기의 선지자는 에스겔과 다니엘이 있고, 포로기 이후에는 학개, 스가랴, 말라기가 있습니다. 더 구체적인 내용은 각 성경을 읽거나 공부할 때 배워 가면 되겠지만, 우선 전체적인 구조를 알면 좋겠습니다.

예수님께서 임하신 신약에 오면 복음서가 나오는데 예수님의 행적을 기록한 책들 4권을 복음서라고 합니다. 각각의 저자는 마태, 마가, 누가, 요한인데 마태복음과 마가복음, 누가복음은 동일한 자료에서 나왔다고 해서 공관복음(共觀福音)이라고 부릅니다. 사복음서를 예수님의 전기로 알고 있는 경우가 많지만 어디까지나 신학적인 기준으로 기술한 독특한 구조로 되어 있는 책들입니다. 신약에도 역사서가 있는데 사도행전 한 권입니다. 예수님께서 부활승천하신 후의 제자들의 복음전파의 여정, 곧 기독교의 초기형성의 과정을 따라가는 책입니다.

신약성경에서 가장 많은 부분을 차지하는 것은 서신서, 곧 편지글들입니다. 신기하게도 요한계시록을 빼고 신약성경의 나머지 책들은 전부 서신서 곧 편지들입니다. 서신서란 초대교회 지도자들이 흩어져 있던 여러 지역의 교회나 개인에게 보낸 편지들 중 정경으로 확정된 책들입니다. 성령님께서 초대교회뿐만 아니라 이후의 모든 성도들의 신앙의 근거로 삼으신 것이며, 로마서에서 유다서까지 21권의 책이 여기에 해당됩니다. 서신서들은 교회 성도이며 하나님의 자녀인 기독교인들의 삶의 원리와 지침들을 제시할 뿐 아니라 기독교의 근간이 되는 신론, 인간론, 기독론, 구원론, 종말론 등의 전반을 직접적으로 다루고 있는 책들입니다. 서신서의 저자들은 사도 바울을 비롯하여 야고보, 베드로, 사도 요한, 유다가 있습니다.

그리고 신약에서의 예언서는 맨 마지막 성경인 요한계시록을 말합니다. 미래 사건과 관련하여 환상이나 상징 등을 폭넓게 사용했으며, 앞부분은 소아시아에 있는 7개 교회에 보낸 예수님의 말씀을 담고 있고, 나머지 내용들은 환상이나 상징이 많아서 그 해석도 굉장히 다양합니다. 계시록은 기독교인들에게 신앙을 견고히 지키면 마침내 사탄에게 승리하고 영원한 천국이 임할 것이라는 희망을 일관성 있게 제시합니다. 세계 종말에 있을 최후의 재난에 관한 예언이면서 동시에 당시 로마 제국의 박해로 인한 신앙의 위기를 다룬 책입니다.

이런 모든 성경의 내용은 일관되게 구세주 예수에 대해 예언하고 성취되는 것을 보여주고 있습니다. 구약은 주로 이스라엘 사람들을 향하여 기록하게 하셨지만, 그들이 생각하는 것처럼 선민의식을 가질 것이 아니라 시범민족이라는 사실을 알아야 합니다. 곧 이스라엘 사람들을 모델로 하여 하나님의 인간 구원의 길을 제시하시는 것입니다. 실제로 이스라엘에는 타민족이나 종들도 포함되어있는 것을 볼 수 있습니다.

성경의 모든 초점과 방향과 흐름은 그리스도 예수님께로 맞추어져 있는데, 구약성경의 창세기에서부터 메시아에 대한 예언이 들어있는 것이 이를 증명하고 있습니다. 뱀이 하와를 유혹하여 인간을 타락하게 했지만 그러나 여자(하와)의 후손인 그리스도께서 뱀(사탄)의 머리를 치게 될 것이라고 하셨습니다. 왜 아담(남자)의 후손이 아니고 여자의 후손일까요? 마리아가 성령으로 예수님을 잉태할 것이기 때문에 남자의 후손이 아닌 것입니다. 그리고 여자의 후손 예수 그리스도께서 십자가에서 죽으셨다가 죽음을 이기고 부활하심으로써 사탄(뱀)에게 승리하게 될 것이라는 말씀인 것입니다. 곧 그리스도에 대한 예언입니다. 처음부터 이미 죄로부터의 인간구원을 말씀하신 것입니다.

"내가 너로 여자와 원수가 되게 하고 네 후손도 여자의 후손과 원수가 되게 하리니 여자의 후손은 네 머리를 상하게 할 것이요 너는 그의 발꿈치를 상하게 할 것이니라 하시고"(창 3:15)

그러므로 결국 구약성경은 하나님의 백성으로서 지켜야 할 계명들을 주신 내용과 역사 속에서 백성들과 하나님의 관계의 역사와 함께 오실 메시야를 약속한 내용들이고, 신약성경은 오신 메시야의 행적과 성도들의 삶의 본을 보이심으로써 영적 싸움에서 승리하고 마지막 종말의 날에 영생할 것을 말씀하고 있는 것입니다. 그리고 요한계시록을 통하여 앞으로 최후의 심판 때 다시 오실 것을 말씀하고 있습니다. 성경은 그리스도 예수님이 주인공이십니다. 이제 구체적으로 메시아 책인 성경에 대해서 살펴봅니다.

3) 성경은 메시아에 관한 예언입니다.

성경에 나타나는 약속들은 현재 대부분 성취되었고, 종말과 예수님의 재림만을 남겨두고 있습니다. 예를 들어 하나님께서 아브라함의 자손들에 대해 말씀하신 적이 있는데 하나님의 이 말씀은 그대로 성취되어 모세에 의해 애굽에서 탈출하여 가나안으로 들어가게 되었습니다. 이스라엘이 애굽의 노예와도 같은 삶을 살다가 그곳을 탈출하여 가나안 땅에 정착하는 것이 어떻게 그리스도와 관계가 있겠습니까? 왜냐하면 하나님의 인간구원 계획안에 들어있는 것이기 때문입니다.

아브라함의 후손들이 이스라엘이라는 민족으로 성장

하고, 거기에서 하나님의 통치를 받는 나라로 세워져 백성들을 향하여 하나님의 마음과 뜻을 펼치고, 마침내 그 민족을 통하여 그리스도 예수님께서 일어나시는 것이기 때문입니다. 단순히 어떤 한 민족을 향한 예언이 이루어진 것이 아니라 인류의 구원을 향한 하나님의 계획이 하나하나 성취되는 것을 예언했다는 말입니다.

> "여호와께서 아브람에게 이르시되 너는 반드시 알라 네 자손이 이방에서 객이 되어 그들을 섬기겠고 그들은 사백 년 동안 네 자손을 괴롭히리니 그들이 섬기는 나라를 내가 징벌할지며 그 후에 네 자손이 큰 재물을 이끌고 나오리라"(창 15:13~14)

구약성경의 내용 중에는 예수님의 십자가 고난에 대한 가장 정확한 예언도 있습니다. 그 예언은 이사야 선지자에 의해 기록되었는데, 예수님께서 마치 제물로 바쳐지는 양이 끌려가는 것처럼 전혀 저항하지 않으시고 고통당하시고 십자가에 달려 돌아가실 것을 예언했던 것입니다. 예수님께서 완전한 한 인간으로서의 갈등을 땀이 핏방울이 될 정도의 간절한 기도를 통하여 승리하고 나서는 하나님의 평안을 얻으시고 조금도 동요되지 않으셨습니다. 엄청난 고통과 모욕이 기다리고 있었지만 예수님은 조금

도 반항하거나 거부하지 않으시고 철저하게 무기력하게
되어 끌려가셨습니다. 이 어찌 제물로 바쳐지기 위해 끌
려가는 어린양과 같은 모습이 아니겠습니까? 그런 내용
을 이사야 선지자는 자세하게 기록했던 것입니다.

> "그가 곤욕을 당하여 괴로울 때에도 그의 입을 열지 아니하였
> 음이여 마치 도수장으로 끌려가는 어린양과 털 깎는 자 앞에
> 서 잠잠한 양 같이 그의 입을 열지 아니하였도다"(사 53:7)

그뿐이 아닙니다. 예수님께서 십자가에 달리셨을 때
군병들이 통으로 짠 속옷을 나눌 수 없어서 제비뽑아서
한 사람이 가져간 사건(요 19:24)도 기록되어 있습니다. 약
1,400여 년 전에 기록된 책에서 어떻게 그렇게 예수님의
십자가에서의 모습을 정확하게 묘사할 수 있었을까요?
이 시편을 기록한 다윗은 예언자도 아니었습니다. 그러
므로 성경이 메시아 예수님을 중심으로 기록되었다는 사
실을 증명하고도 남는 것입니다.

> "내 겉옷을 나누며 속옷을 제비 뽑나이다"(시 22:18)

예수님은 제자들에게 자신의 운명에 관해서 거듭 예

언하셨습니다. 제자들은 그 당시에는 전혀 알지 못하다가 예수님 부활 후에야 깨닫게 되었습니다. 예수님은 심지어는 구약에서 자신에 대해 기록된 예언들까지도 인용하셨고, 사흘 동안 고난을 당하시고 다시 살아나실 것을 여러 번 말씀하셨습니다. 제자들은 예수님의 말씀의 의미를 전혀 몰랐지만 실제로 예수님께서 부활하신 후에는 예수님의 모든 말씀들과 가르침들이 성령님의 감동으로 이해가 되었습니다. 그리고 그들은 생명을 걸고 전 세계를 향하여 구원의 복음을 전파할 수 있었던 것입니다.

> "예수께서 대답하여 이르시되 너희가 이 성전을 헐라 내가 사흘 동안에 일으키리라 … 그러나 예수는 성전 된 자기 육체를 가리켜 말씀하신 것이라 죽은 자 가운데서 살아나신 후에야 제자들이 이 말씀하신 것을 기억하고 성경과 예수께서 하신 말씀을 믿었더라"(요 2:19, 21~22)

하나님은 이미 인간이 타락했을 때부터 직접 흙으로 만드신 사람을 사랑하사 구원의 길을 예비하신 것을 기록했습니다. 실로 성경은 하나님과 인간의 사랑에 관한 거대한 멜로드라마인 것입니다. 하나님은 죄에 빠져서 결코 헤어날 수 없는 인간의 구원을 위하여 직접 사람의 몸을 입으시고 인간들을 대신하여 십자가에서 죽으셨던 것입니다. 이것이 사랑이 아니라고 어떻게 말할 수 있겠습니까? 하나님은 지금도 당신을 사랑하십니다.

"이 복음은 하나님이 선지자들을 통하여 그의 아들에 관하여 성경에 미리 약속하신 것이라"(롬 1:2)

4) 성령님은 저자들을 감동시키셨습니다.

앞서 성경의 정경성에 대하여 살펴보았습니다만, 우리는 성경의 숨겨진 저자에 대해서 살펴보아야 합니다. 분명히 성경을 집필한 것은 사람이지만, 그 내용은 성령님의 감동으로 된 것입니다. 성경은 배경과 직업이 전혀 다른 약 40여 명의 저자들이 B.C.1500년경부터 A.D.100여 년경까지 약 1,600여 년 동안 기록한 책입니다. 그런데도 그 주제는 일관되게 예수 그리스도 한 분으로 집약되어 있습니다. 이런 모든 역사를 살펴볼 때 성경은 성령님의 감동으로 기록된 것이 틀림이 없습니다.

"예언은 언제든지 사람의 뜻으로 낸 것이 아니요 오직 성령의 감동하심을 받은 사람들이 하나님께 받아 말한 것임이라"(벧

후 1:21)

그렇기 때문에 신구약 성경에는 하나님의 뜻이 일관되게 흐르고 있는 것입니다. 오늘날 성경을 단지 문서로 생각하거나 편집된 내용들을 분석하여 더 정확한 하나님의 뜻을 찾아내기에 힘쓰고 있지만, 그리고 지금 원본은 전혀 존재하지 않기 때문에 사본으로 옮겨지는 동안 오류가 생기거나 편집이 가해진 것은 맞는 말이지만, 그럼에도 불구하고 성경은 성령님의 감동으로 된 것이 분명합니다. 그렇기 때문에 모든 기독교인들은 성경 말씀을 하나님의 음성으로 믿고 그 말씀에 생명을 걸 수 있는 것입니다. 만약에 우리가 하나님이라면 어떤 방식으로 성경을 주시겠습니까? 똑같이 각 세대를 내려오는 사람을 성령님으로 감동하셔서 말씀을 기록하게 하지 않으시겠습니까?

"모든 성경은 하나님의 감동으로 된 것으로 교훈과 책망과 바르게 함과 의로 교육하기에 유익하니"(딤후 3:16)

좀 더 자세하게 이야기하면, 성경 저자들은 아주 다양한 직업을 가진 분들이었습니다. 우선 목동이 있습니다.

모세는 40년 동안 장인의 양을 치던 양치기였습니다. 여호수아는 출애굽 군대의 최고 지휘관이었습니다. 사무엘은 마지막 사사(재판관)였습니다. 아마도 사사기와 열왕기 상편을 지었을 것입니다. 왕들도 있습니다. 시편은 다윗 왕이 많이 지었고, 솔로몬 왕은 시편 일부와 잠언, 전도서, 아가서를 지었습니다.

그런가 하면 제사장 겸 서기관인 에스라도 역대기와 에스라서를 기록했습니다. 느헤미야는 당시 바벨론의 술 맡은 관원장이었으며, 에스더를 기록한 모르드개도 페르시아의 관원이었고, 다니엘도 바벨론의 고위 관원이었습니다. 욥기를 기록한 욥은 아마도 유목민의 큰 부자였으며, 이사야는 선지자, 예레미야와 에스겔, 스가랴는 제사장이었으며, 나머지 구약성경은 선지자들이 지었습니다.

신약 시대로 들어오면 세리(마태), 의사(누가), 어부들(요한, 베드로), 예수님의 육체의 형제들(야고보, 유다), 그리고 나머지는 바울의 편지(로마서, 고린도서, 갈라디아서, 에베소서, 빌립보서, 골로새서, 데살로니가서, 디모데서, 디도서, 빌레몬서, 히브리서)입니다. 누가가 누가복음과 사도행전을 썼고, 요한이 요한복음과 요한서신, 요한계시록을 썼습니다.

이렇게 40여명의 저자들이 기록한 성경은 지식이 아니라 하나님의 음성으로 읽어야 하는 것입니다. 성경은 모든 인간의 지식의 최종 종착점입니다. 성경이 결론이고 그래서 성경이 진리인 것입니다. 성경을 기록하게 하셨기 때문에 오늘날 대한민국에도 기독교 신앙이 전달되었고 하나님의 자녀들이 각자에게 맡겨진 사명을 따라 살 수 있게 된 것입니다. 성경은 성경으로 묻고 성경으로 대답하는 책입니다. 성경 말씀을 생명으로 여기고 그대로 살려는 사람은 영원한 천국에서 귀한 상을 받아 누리게 될 것이고, 성경을 단지 지식이나 위안이나 어떤 방편으로 삼는다면 결코 훌륭한 신앙인이 못되는 것입니다.

"먼저 알 것은 성경의 모든 예언은 사사로이 풀 것이 아니니"(벧후 1:20)

5) 성경은 구원에 이르게 하는 책입니다.

물론 글자와 책으로 된 성경 자체가 인간을 구원하는 것은 아닙니다. 그러나 성경이 아니면 구원에 이르게 할 수단이 없는 것도 또한 사실입니다. 단지 말로만 가르치고 전달해서는 하나님께서 인간에게 베풀어주시는 구원의 도리를 유지하기 어렵고 또 그 뜻이 정확하게 전달되기도 어렵습니다. 또한 그렇게 되면 어느 것이 참된 하나님의 말씀인지 분별하기 힘들고 혼란만 더해질 것입니다. 성경 말씀 속에 들어있는 하나님의 말씀과 그 마음과 뜻을 정확하게 분별할 수 있도록 문서를 허락하신 것입니다.

"성경은 능히 너로 하여금 그리스도 예수 안에 있는 믿음으로 말미암아 구원에 이르는 지혜가 있게 하느니라"(딤후 3:15)

이미 살펴보았지만 성경 전체를 흐르는 핵심은 그리스도 예수님입니다. 구약은 이스라엘의 역사나 시가서나 선지서들을 통하여 하나님의 마음을 백성들에게 알려주시지만 그 마음은 결국 외아들 예수님을 이 땅에 보내시는 것으로 마무리됩니다. 그래서 예수님도 모든 성경의 흐름이 바로 예수님 자신을 중심으로 이루어지고 있음을 증언하셨던 것입니다.

"너희가 성경에서 영생을 얻는 줄 생각하고 성경을 연구하거니와 이 성경이 곧 내게 대하여 증언하는 것이니라"(요 5:39)

그래서 예수님은 성경에서 가르쳐주시는 모든 결론으로 예수님이 길이요 진리요 생명이라고 선포하신 것입니다. 그것을 어떻게 증명하겠습니까? 성경을 통하여 그 말씀이 진실임을 우리가 알 수 있는 것입니다. 실로 성경은 구원으로 인도하는 책이고 동시에 예수님께서 구원자이심을 증명하는 책인 것입니다.

> "예수께서 이르시되 내가 곧 길이요 진리요 생명이니 나로 말미암지 않고는 아버지께로 올 자가 없느니라"(요 14:6)

끝까지 하나님의 사랑에서 벗어나지 않고 심지어 순교까지 감당하는 것은 성경 말씀이 있기 때문입니다. 말씀이 없다면 기독교도 없고 구원도 없습니다. 그래서 박해시대에는 이 사본들을 보존하기 위해서 이리저리 숨고 피해 다니면서 목숨을 걸고 말씀을 지키기 위해 애를 쓴 역사가 있는 것입니다. 결코 성경은 자연스럽거나 아무 위험도 없이 저절로 보존되어온 것이 아닙니다. 오늘날의 성경은 피의 역사를 가지고 있습니다. 생명을 걸어서라도 보존하고 지켜야 할 하나님의 진리인 것입니다.

> "또 우리 형제들이 어린 양의 피와 자기들이 증언하는 말씀으로써 그를 이겼으니 그들은 죽기까지 자기들의 생명을 아끼지 아니하였도다"(계 12:11)

성경 말씀이 있기 때문에 예수 그리스도에 대한 모든 일이 성취되었음을 알 수 있는 것이고, 그렇기 때문에 부활신앙을 가질 수 있는 것입니다. 결국 성경이 있음으로 말미암아 예수님의 십자가 고난과 죽으심, 부활을 믿을 수 있는 것이고, 그리고 마지막에 예수님께서 심판하러 다시 오심으로써 종말과 영원한 천국이 우리를 기다리고 있다는 사실을 믿을 수 있는 것입니다.

"성경에 그를 가리켜 기록한 말씀을 다 응하게 한 것이라 후에 나무에서 내려다가 무덤에 두었으나 하나님이 죽은 자 가운데 서 그를 살리신지라"(행 13:29~30)

그래서 예수 그리스도의 보혈의 공로를 입고 구원받은 성도들은 다른 사람들에게 복음을 전하게 되어 있습니다. 삶이나 행동을 통하여 그리스도를 알려야 하지만 마지막에는 성경말씀으로 전파해야 하는 것입니다. 마음으로 믿은 것도 입으로 고백해야 신앙이 됩니다. 기독교의 모든 믿음은 결국 성경으로 증명하게 되어 있습니다. 성경이야말로 우리 기독교인들에게는 복 중의 복이요 영생을 얻을 수 있는 유일한 통로가 되는 것입니다. 우리가 결론으로 알려야 하는 것이 바로 성경 말씀인 것입니다.

"내가 받은 것을 먼저 너희에게 전하였노니 이는 성경대로 그리스도께서 우리 죄를 위하여 죽으시고 장사 지낸 바 되셨다가 성경대로 사흘 만에 다시 살아나사"(고전 15:3~4)

6) 성경은 영원한 하나님의 책입니다.

성경은 완전한 책입니다. 빠진 것이 없고 구원의 도리와 인간 세상의 모든 해답과 살아갈 기준이 모두 들어 있는 책입니다. 오늘날 기독교인들이 세상에서 여러 가지 활동들을 하면서 자기 나름대로 신앙생활을 하고 있지만, 무엇을 근거로 자기 신앙이 바르다고 주장할 수 있겠습니까? 같은 기독교 안에서도 너무나도 다양한 견해들과 주장들이 난무하고 있습니다만, 그러한 다양성을 소유하기 위해서는 모두가 성경 말씀만을 기준으로 삼아야 한다는 대전제가 필요합니다. 성경 이외에 다른 기준을 주장하기 시작하면 그것은 기독교도 아니고 복음도 아니며 오히려 하나님의 영광을 가려버리게 되는 것입니다. 기독교 신앙인의 삶의 기준과 방향과 목표가 전부 성경에 다 나와 있습니다.

"너희는 여호와의 책에서 찾아 읽어보라 이것들 가운데서 빠

진 것이 하나도 없고 제 짝이 없는 것이 없으리니 이는 여호
와의 입이 이를 명령하셨고 그의 영이 이것들을 모으셨음이
라"(사 34:16)

그래서 성경은 영원한 책입니다. 성경이 모두 성취되
면 영원한 천국이 이루어지는 것이기 때문에 필요가 없
어지겠지만, 그때까지는 완전, 영원, 유일한 하나님의 책
인 것입니다. 최후의 종말이 와서 성경 말씀이 필요가 없
어질 때가 올 것입니다. 왜냐하면 천국으로 갈 신앙인들
은 저 영원한 천국에 가 있을 것이고 지옥에 떨어질 사람
들은 영원한 지옥에 있을 것이기 때문입니다. 그때까지
는 성경만이 유일한 기준이요 해법이며 지혜이며 생명일
것입니다.

"하늘과 땅이 없어지기 전에는 율법(성경)의 일점일획도 모든
것이 이루어질 때까지 결코 없어지지 아니하리라"(마 5:18)

성경은 하나님의 말씀이므로 유일한 진리이며 그 속에
모든 길이 들어 있습니다. 그래서 성경말씀을 읽고 쓰고
암송하고 공부하고 가르치고 실천하는 사람이 참으로 복
된 사람인 것입니다. 물론 단지 성경을 암송한다거나 자

주 읽거나 공부를 많이 하는 것만으로 구원과 하늘의 상이 저절로 오는 것이 아닙니다. 그 말씀을 생명으로 붙잡고 실천하고 순종해야 그 사람에게 유일한 진리가 될 것입니다.

> "보라 내가 속히 오리니 이 두루마리의 예언의 말씀을 지키는 자는 복이 있으리라 하더라"(계 22:7)

그렇기 때문에 성경 말씀을 잘 알아도 그 가운데 극히 일부분이라도 더하거나 빼거나 특정한 부분만을 가지고 자기 목적에 사용하거나 말씀을 왜곡하여 하나님의 마음을 오해하게 만드는 사람들은 저주를 받고 지옥에 떨어지게 되는 것입니다. 성경 말씀은 말씀 그대로를 순수하게 믿을 때 진정한 복이 되는 것입니다.

> "내가 이 두루마리의 예언의 말씀을 듣는 모든 사람에게 증언하노니 만일 누구든지 이것들 외에 더하면 하나님이 이 두루마리에 기록된 재앙들을 그에게 더하실 것이요 만일 누구든지 이 두루마리의 예언의 말씀에서 제하여 버리면 하나님이 이 두루마리에 기록된 생명나무와 및 거룩한 성에 참여함을 제하여 버리시리라"(계 22:18~19)

기독교는 가히 성경으로 시작해서 성경으로 끝나는 하나님의 진리의 종교입니다. 성경을 이성으로 이해했다고 해서 하나님을 아는 것이 아닙니다. 그렇게 논리적으로만 따지면 오히려 다른 책들보다 모자랄 수도 있습니다. 그러나 성경은 하나님의 책으로 충분합니다.

"또 내게 말씀하시되 이루었도다 나는 알파와 오메가요 처음과 마지막이라 내가 생명수 샘물을 목마른 자에게 값없이 주리니"(계 21:6)

4
정말 기도하면
다 들어주시나요?

이제 모든 종교의 보편적인 행위인
기도에 대해서 살펴보아야 합니다.
아무 것도 보이지 않고 말할 수도 없는데
하나님께서 기도를 들으실까요?
만약에 우리의 기도를 다 들으신다면
과연 우리의 모든 기도에 응답하실까요?
일단 하나님은 엄마가 아이의 말을 듣는 것처럼
우리의 기도를 전부 들으십니다.
그리고 하나님이 듣고 판단하셔서
성도에게 필요한 것부터 응답해주십니다.
성도는 하나님의 자녀이기 때문입니다.

1) 기도는 영적 호흡이며 대화입니다.

기도는 일방적으로 드리는 것이 아니라 하나님과의 대화입니다. 아브라함은 조카 롯을 위하여 하나님과 대화했습니다. 이것을 다른 사람을 위한 '중보기도'라고 부릅니다만, 어떤 기도가 되었든지 하나님과의 대화로서 드리지 못한다면 단지 일방적인 혼잣말 밖에는 되지 않을 것입니다. 아브라함은 다섯 번이나 제목을 바꾸어 기도하여 하나님의 허락을 받았습니다.

"아브라함이 또 이르되 주는 노하지 마옵소서 내가 이번만 더 아뢰리이다 거기서 십 명을 찾으시면 어찌 하려 하시나이까 이르시되 내가 십 명으로 말미암아 멸하지 아니하리라"(창 18:32)

대화라는 것은 서로 주고받는 것입니다. 그래서 기도를 영적 호흡이라고 부르기도 합니다. 잠시라도 숨을 쉬지 않으면 살 수 없는 것처럼 우리 속에 내주하시는 성령님과 항상 교제를 나누어야 합니다. 그래서 쉬지 말고 기도하라고 하는 것입니다. 늘 기도에 힘써야 한다는 뜻입니다. 자칫 잘못 생각하면 '쉬지 말고'를 물리적인 시간으로 생각하게 됩니다만, 그것은 늘 기도하고 같은 제목의 기도를 꾸준히 행하라는 의미를 가지고 있습니다. 기도는 무조건 오래, 많이 하는 것보다 진실한 기도를 간절하게 하는 것이 더 중요합니다.

> "쉬지 말고 기도하라 범사에 감사하라 이것이 그리스도 예수 안에서 너희를 향하신 하나님의 뜻이니라"(살전 5:17~18)

성경에는 성도의 기도를 '향'으로 표현합니다. 24장로들이 향이 가득한 금 대접을 가지고 있다는 것으로 보아 많은 성도들의 진실어린 기도가 하늘에 향으로 되어 올라간다는 것을 말하고 있는 것입니다. 한 사람의 기도만을 말하는 것은 아니지만 우리 기독교인들의 기도가 그만큼 하늘에 아름다운 향기가 된다는 것을 알 수 있습니다.

> "그 두루마리를 취하시매 네 생물과 이십사 장로들이 그 어린 양 앞에 엎드려 각각 거문고와 향이 가득한 금 대접을 가졌으니 이 향은 성도의 기도들이라"(계 5:8)

원래 하나님 앞에 향이란 짐승의 일부를 불로 태우는 화제나 번제를 말합니다. 그러나 그리스도께서 향기로운 희생제물이 되신 것처럼 성도들이 하나님과 화목하게 되는 제물과 함께 기도를 드릴 때 향기가 되어 하나님께 올려지는 것입니다. 예수님께서 우리 죄인들을 위해 십자가에서 제물이 되실 때 그것이 향기로운 제물이 되는 것입니다. 불에 태워지는 제사가 아니라 우리들을 위한 희생제물로서 향기로운 제물이 되셨던 것입니다. 그것이 몸으로 직접 드려지는 향기로운 기도라는 말입니다. 순종하지 않는 기도는 희생제물이 될 수 없습니다.

> "그리스도께서 너희를 사랑하신 것 같이 너희도 사랑 가운데서 행하라 그는 우리를 위하여 자신을 버리사 향기로운 제물과 희생제물로 하나님께 드리셨느니라"(엡 5:2)

가장 향기로운 기도는 주의 말씀이 모든 사람들에게 퍼져나가기를 아뢰는 것입니다. 왜냐하면 그냥 말씀이 전파되는 것이 아니라 성도의 희생적인 삶을 통하여 하나님의 말씀이 눈에 보이도록 증거가 되면서 퍼져나가야 하기 때문입니다. 자기 자신의 안전과 치료를 위한 기도보다도, 다른 사람의 어려운 문제를 해결하고자 드리는 중보기도보다도, 하나님의 사랑과 구원의 복음이 더 많은 이웃들에게 전파되어서 우리의 이웃들이 구원의 길을 걷게 만들기 위한 기도가 가장 향기로운 기도인 것입니다. 그런 기도를 우리가 호흡을 하듯이 할 때에 우리의 기도는 참으로 아름답고 향기로운 대화가 될 것입니다.

> "끝으로 형제들아 너희는 우리를 위하여 기도하기를 주의 말씀이 너희 가운데서와 같이 퍼져 나가 영광스럽게 되고"(살후 3:1)

2) 기도는 죄를 이길 수 있게 합니다.

우리는 하나님께 드리는 기도를 어려운 문제를 해결하거나 더 복을 받거나 위로와 평안을 얻기 위한 수단쯤으로 생각하는 경우가 많습니다만, 사실은 우리 자신을 위한 기도이기는 하되 죄를 짓지 않고 의로운 삶을 살기 위해서 기도하는 것이 더 본질에 가까운 기도입니다. 예수님은 죄를 짓지 않도록 깨어 기도하라고 하셨습니다. 숨을 쉬는 것처럼 하나님 앞에 늘 기도하면 죄를 이기게 하실 수 있습니다.

> "그 곳에 이르러 그들에게 이르시되 유혹에 빠지지 않게 기도하라 하시고"(눅 22:40)

또한 마음속에 품고 있는 죄일지라도 회개하고 돌이켜 기도하면 사면해주시고 또다시 죄악에 빠지지 않게 해주십니다. 사실 우리가 기도할 수 있는 이유는 무엇보다도 하나님과의 사이에 막혀있는, 결코 허물 수 없는 죄의 담을 예수님께서 십자가 희생으로 무너뜨리셨기 때문입니다. 그래서 하나님께 기도할 수 있는 길이 열린 것입니다. 그렇다면 우리의 기도도 우리 삶의 안위가 아니라 아직도 여전히 남아있는 죄를 회개하는 데 우선적으로 사용해야 할 것입니다. 육체의 문제를 위해서가 아니라 영의 문제를 위해 먼저 기도해야 하겠습니다.

"그러므로 너의 이 악함을 회개하고 주께 기도하라 혹 마음에 품은 것을 사하여 주시리라"(행 8:22)

그러나 혹시 부지불식간이든 육신이 약해서이든 죄를 범했을 때에는 하나님 앞에 빨리 돌아와서 기도해야 합니다. 하나님께서 죄를 사면해주십니다. 비록 근원적인 죄를 사함 받았지만, 그럼에도 불구하고 육체를 가지고 있는 이상 삶에서 생기는 죄에서 완전히 자유로울 수는 없습니다. 그렇기 때문에 그런 자범죄에 빠지지 않기 위해 기도하고, 혹시 그 유혹에 빠졌더라도 기도함으로써 빨리 회개하고 돌이킬 수 있어야 하는 것입니다.

"믿음의 기도는 병든 자를 구원하리니 주께서 그를 일으키시리라 혹시 죄를 범하였을지라도 사하심을 받으리라"(약 5:15)

그리고 집단으로 죄를 지었을 때에도 회개하고 중보기도를 드리면 다 회복되도록 해 주기도 하십니다. 백성들이 하나님을 원망한 죄를 깨닫고 모세에게 기도를 부탁한 일도 있었습니다. 하지만 이때에도 죄를 깨닫는 회개가 전제되어야 합니다. 오늘날에는 우리가 알지도 못하는 사이에 이스라엘 백성들이 집단적으로 하나님을 원망하는 죄를 짓는 것과 같은 현상이 얼마든지 일어날 수 있습니다. 사실은 우리 기독교인들 모두가 회개하고 기도해야 할 문제들이 아주 많은 것이 현실입니다. 회개기도는 개인적이든 공동체로든 꾸준히 행해져야 할 필수적인 기도들인 것입니다.

"백성이 모세에게 이르러 말하되 우리가 여호와와 당신을 향하여 원망함으로 범죄하였사오니 여호와께 기도하여 이 뱀들을 우리에게서 떠나게 하소서 모세가 백성을 위하여 기도하매"(민 21:7)

아래 성경말씀은 솔로몬이 성전을 건축한 후에 하나님께서 이스라엘 백성들에게 약속하신 내용입니다. 하나님은 하나님의 백성들이 아무리 큰 죄를 범했어도 돌이켜 회개하기만 하면 다 들어주시고 죄를 사해 주시고 회복시켜 주셨습니다. 구약성경의 역사가 이것을 아주 분명하게 증명하고 있습니다.

"내 이름으로 일컫는 내 백성이 그들의 악한 길에서 떠나 스스로 낮추고 기도하여 내 얼굴을 찾으면 내가 하늘에서 듣고 그들의 죄를 사하고 그들의 땅을 고칠지라"(대하 7:14)

다른 모든 기도도 마찬가지이지만 하나님께서는 성도들이 죄를 자복하는 기도를 드릴 때에 가장 기뻐하십니다. 왜냐하면 하나님은 사람들의 죄를 사하시기 위해 친히 십자가에 달려 돌아가셨기 때문입니다. 하나님은 인간과 화목하기를 기뻐하십니다. 그리고 인간들끼리 서로 용서하고 사랑하기 위해 드리는 기도를 아주 기뻐하십니다. 심지어 악한 죄인들도 회개하고 돌이킴으로써 구원받은 사례들이 성경에 많이 기록되어 있는 것입니다.

3) 기도는 치유와 회복을 가져옵니다.

예수님이 이 세상에 계실 때 주로 하신 일 중의 하나는 사람들의 모든 질병과 약한 것을 치유하신 일이었습니다. 질병이란 죽을병이라고 해도 그것을 고쳤다고 해서 다시 죽지 않는 것은 아닙니다. 그러나 우선적으로는 어렵고 힘든 육체의 문제를 해결함으로써 좀 더 건강한 삶을 살 수 있게 되면서, 그와 함께 하나님의 은혜와 능력으로 치유 받음으로써 하나님께 영광을 드릴 수 있게 되면서 동시에 절대자 하나님을 향한 믿음을 가질 수 있게 되는 것입니다.

> "예수께서 모든 도시와 마을에 두루 다니사 그들의 회당에서 가르치시며 천국 복음을 전파하시며 모든 병과 모든 약한 것을 고치시니라"(마 9:35)

신앙인이 기도하여 질병을 치유할 수 있는 근거는 예수님의 십자가입니다. 예수님은 십자가에 달려 고통당하시면서 인간의 모든 아픔을 대신 당하셨습니다. 그래서 예수님은 우리의 죄를 위해서만 십자가에 달리신 것이 아니라 우리의 모든 약점과 질병과 아픔과 상처를 위해서도 달리신 것입니다. 흔히 십자가를 죄를 사하시기 위한 것으로만 생각하기 쉽지만 예수님은 우리의 모든 고통과 괴로움을 담당하시기 위해 모든 아픔과 모욕을 당하셨던 것입니다. 그 십자가의 상처에 기대어서 기도하면 낫게 해 주십니다.

> "이는 선지자 이사야를 통하여 하신 말씀에 우리의 연약한 것을 친히 담당하시고 병을 짊어지셨도다 함을 이루려 하심이더라"(마 8:17)

그것뿐만이 아니라 기도는 귀신을 쫓아내는 것과 같은 영적인 문제를 고치는 것도 가능하게 만든다고 하셨습니다. 귀신이 임하거나 영적인 싸움이 일어날 때 우리는 예수 그리스도의 이름으로 저들을 쫓아낼 수 있습니다. 그것도 기도의 놀라운 힘이요 능력입니다.

> "집에 들어가시매 제자들이 조용히 묻자오되 우리는 어찌하여 능히 그 귀신을 쫓아내지 못하였나이까 이르시되 기도 외에 다른 것으로는 이런 종류가 나갈 수 없느니라 하시니라"(막 9:28~29)

하나님은 하나님의 자녀들의 상처와 마음의 낙심까지 고치시는 분이십니다. 물론 모든 경우에 모든 문제를 다 고쳐주시는 것은 아닙니다. 똑같은 문제로 보여도 수많은 상황과 상태와 믿음과 간절함이 너무나도 다양하기 때문에 일률적으로 말할 수는 없습니다. 그러나 대개 하나님께서 온전하게 응답해주시는 경우를 보면 목숨이라도 내맡기는 간절함을 쏟아내는 경우가 대부분입니다.

"상심한 자들을 고치시며 그들의 상처를 싸매시는도다"(시 147:3)

하나님은 수많은 사람들의 기도를 듣고 질병을 고쳐주셨습니다. 하나님은 아브라함도 모세도 히스기야도 그들의 기도를 듣고 고쳐주셨습니다. 단, 그렇게 놀라운 치유를 허락해주셨어도 그것을 자기의 능력으로 알거나 자기 믿음이 좋아서라고 자랑하거나 사람에게 높임을 받으려고 한다면 하나님은 결코 기뻐하지 않으실 것입니다.

"아브라함이 하나님께 기도하매 하나님이 아비멜렉과 그의 아내와 여종을 치료하사 출산하게 하셨으니"(창 20:17)

"여호와께서 히스기야의 기도를 들으시고 백성을 고치셨더
라"(대하 30:20)

4) 기도는 문제를 해결하게 합니다.

우리 인생은 세상을 살면서 숱한 문제를 만납니다. 어
렵지 않게 넘어갈 때도 있지만 좀처럼 벗어나기 힘든 문
제도 있습니다. 믿는 사람이라고 해서 세상 사람들보다
더 건강하거나 돈이 많거나 아무 문제도 없는 것이 아닙
니다. 오히려 세상과 반대로 가는 경우가 많기 때문에 사
람들이 당하지 않는 다른 문제를 만날 수도 있습니다. 그
런데 하나님은 그런 문제들을 만날 때에는 더욱 기도에
빨리 응답해주십니다. 왜냐하면 그런 문제들은 대개 거
룩한 문제들이기 때문입니다. 기독교인들이 문제를 해결
할 수 있는 방법은 하나님을 믿고 감사하며 기도하는 일
입니다. 염려한다고 되는 것은 아닙니다.

"아무 것도 염려하지 말고 다만 모든 일에 기도와 간구로, 너
희 구할 것을 감사함으로 하나님께 아뢰라"(빌 4:6)

문제를 만날 때도 기도하여 해결하지만 문제가 생기기

전에 미리 기도하여 대비할 수도 있습니다. 신실한 믿음 생활을 오래 하다가 보면 어떤 문제가 나타날지 대략 짐작이 되는 경우도 있습니다. 그럴 때 미리 기도하는 것이 바른 기도의 자세입니다. 사람은 약하여 성공하지 못하는 것처럼 보일 수도 있지만 사건 이후에 기도한 결과가 나타날 수도 있습니다. 제자들은 미약했지만 십자가 사건 이후에 훌륭한 사도들이 되었습니다.

"시험에 들지 않게 깨어 있어 기도하라 마음에는 원이로되 육신이 약하도다 하시고"(막 14:38)

신앙인답게 믿음생활을 하려고 할 때 때때로 고난이 찾아옵니다. 그럴 때 하나님께 기도하면 해결해주십니다. 살다가 뜻하지 않게 만나게 되는 모든 고난을 위해 기도해야 합니다. 왜냐하면 세상 사람들의 고난은 자기들의 죄와 허물 때문에 생길 때가 많지만 참된 믿음을 가진 성도들은 예수님을 믿는 것 때문에 고난과 어려움을 당할 때가 많기 때문입니다. 물론 여러 가지 고난은 하나님을 만나는 결정적인 기회가 되는 경우도 많습니다.

"너희 중에 고난당하는 자가 있느냐 그는 기도할 것이요 즐거

워하는 자가 있느냐 그는 찬송할지니라"(약 5:13)

하나님의 일을 진행하다가 보면 주변의 문제에 부딪힐 때도 있습니다. 하나님은 하나님의 영광을 위하여 그리고 사역을 위하여 그 문제를 해결해주십니다. 그런 문제들은 왜 만나는 것이겠습니까? 하나님을 믿음으로 인하여 당하는 문제들인 것입니다. 곧 그 문제들은 우리의 문제가 아니라 하나님의 문제가 되기 때문에 잘 응답해 주시는 것입니다.

"보블리오의 부친이 열병과 이질에 걸려 누워 있거늘 바울이
들어가서 기도하고 그에게 안수하여 낫게 하매"(행 28:8)

개인의 문제이면서 동시에 교회의 문제를 위해 성도들이 합심하여 기도드릴 때 하나님은 그 문제를 해결해 주셨습니다. 당연한 일이지만 교회에 모이는 중요한 목적 중의 하나가 기도가 아닙니까? 예수님도 교회를 기도하는 집이라고 말씀하셨습니다. 교회에서는 모든 일을 기도로 시작하고 기도로 마칩니다. 교회공동체에 중요한 일이 생기면 한마음으로 합심 기도할 때 다 해결해 주십니다.

"이에 베드로는 옥에 갇혔고 교회는 그를 위하여 간절히 하나님께 기도하더라"(행 12:5)

신앙인은 모든 문제를 만날 때 항상 기도해야 합니다. 그것은 문제해결임과 동시에 하나님과의 끊임없는 대화이기 때문입니다. 기도 없는 신앙인은 아직 믿음이 어리거나 진정한 신앙인이 아닐 수도 있습니다. 진심으로 기도해야 평안과 기쁨을 얻을 수 있고 성령님께서 힘과 능력으로 함께하심으로써 승리하는 신앙인의 길을 걸을 수가 있습니다.

5) 기도드리면 반드시 응답하십니다.

예수님은 우리가 어디에서 예수님을 찾더라도 우리의 음성을 아시고 응답해주십니다. 물론 목자와 양의 비유로 우리들과의 관계를 설명하신 것이지만, 언제 어디에서도 기도하면 다 듣고 계시는 것만은 틀림이 없습니다. 우리도 예수님의 양들이라는 확신과 믿음으로 기도를 드려야 하는 것은 틀림없는 진리인 것입니다.

"문지기는 그를 위하여 문을 열고 양은 그의 음성을 듣나니 그

가 자기 양의 이름을 각각 불러 인도하여 내느니라"(요 10:3)

더구나 예수님은 무엇이든지 구하고 믿으면 그대로 이루어진다고 약속해 주셨습니다. 그렇게 예수님과의 관계가 정상적으로 이루어지고 있고 늘 친밀하게 기도와 말씀으로 유지되고 있다면 무엇이든지 다 기도할 수 있고, 응답의 시간적인 차이는 있을 수 있지만 반드시 응답해 주시는 것입니다.

"그러므로 내가 너희에게 말하노니 무엇이든지 기도하고 구하는 것은 받은 줄로 믿으라 그리하면 너희에게 그대로 되리라"(막 11:24)

하지만 우리는 꾸준히 구해야 합니다. 구할 것을 구하기 위해 찾으러 다녀야 합니다. 찾을 것을 찾기 위해 문을 두드려야 합니다. 그러면 반드시 우리가 찾을 수 있고 길이 열립니다. 확신이 없으면 이렇게 할 수 없습니다. 무작정 두드리고 보자는 심정으로 기도하는 것이 아니라 하나님은 반드시 듣고 계시고 적절하게 응답해주신다는 믿음이 이렇게 꾸준히 기도할 수 있게 만드는 것입니다.

"구하라 그리하면 너희에게 주실 것이요 찾으라 그리하면 찾아낼 것이요 문을 두드리라 그리하면 너희에게 열릴 것이니 구하는 이마다 받을 것이요 찾는 이는 찾아낼 것이요 두드리는 이에게는 열릴 것이니라"(마 7:7~8)

그렇다고 모든 것을 하나님께서 완전하게 만들어주시는 것은 아닙니다. 우리가 할 수 있는 것은 우리가 반드시 해야 합니다. 그럴 때 꼭 필요한 것이 바로 지혜입니다. 지혜는 문제를 해결하는 비결이 아닙니다. 때로는 위험을 감수하거나 많은 손해를 보는 것이 하나님의 지혜일 때도 있기 때문입니다. 그것이 바로 문제를 근원적으로 해결하는 비결이 되는 것입니다. 우리는 하나님께 지혜까지도 구할 수 있습니다. 그러면 틀림없이 해결할 길을 알려주십니다.

"너희 중에 누구든지 지혜가 부족하거든 모든 사람에게 후히 주시고 꾸짖지 아니하시는 하나님께 구하라 그리하면 주시리라"(약 1:5)

심지어 산을 옮기는 것과 같은 큰일에 대해서도 믿고 기도하면 하나님은 응답해 주십니다. 이 말씀은 자연으로서의 산을 그대로 옮긴다기보다는 아무리 큰 문제도 하나님이시라면 다 해결하실 수 있다는 믿음을 말하는 것입니다. 그러니까 해결 못할 문제는 없다는 믿음으로 상식 이상의 기도를 드릴 수 있다는 말입니다.

"예수께서 대답하여 이르시되 내가 진실로 너희에게 이르노니 만일 너희가 믿음이 있고 의심하지 아니하면 이 무화과나무에게 된 이런 일만 할 뿐 아니라 이 산더러 들려 바다에 던져지라 하여도 될 것이요 너희가 기도할 때에 무엇이든지 믿고 구하는 것은 다 받으리라 하시니라"(마 21:21~22)

그런데 모든 기도에서 가장 본질적인 요소는 바로 예수님의 말씀 안에서 기도해야 한다는 점입니다. 만약에 성경이 없거나 말씀의 원리를 모른다면 우리는 엉뚱한 기도만 하고 있을지도 모릅니다. 하나님은 전혀 기뻐하지 않으시는데 우리는 우리 자신의 문제를 해결하고 성공하기 위해서 기도한다든가, 하나님은 이렇게 일하기를 원하시는데 우리는 우리 입맛에만 맞는 기도를 할 수도 있습니다. 중요한 것은 예수님의 말씀이 우리를 지배할 수 있도록 우리는 비워드리는 것입니다. 모든 기도의 전제조건을 우리가 잘 알아서 그것을 충족시키고 기도할 때 하나님은 모든 기도에 반드시 응답해주시는 것입니다.

> "너희가 내 안에 거하고 내 말이 너희 안에 거하면 무엇이든지
> 원하는 대로 구하라 그리하면 이루리라"(요 15:7)

6) 기도드릴 때 성령님이 도우십니다.

기도는 육체를 가지고 살아가는 우리 인간들이 영이신 하나님께 드리는 대화이기 때문에 성령님께서 도와주시지 않으면 참된 기도가 나올 수 없습니다. 물론 대부분의 기도는 기본적으로 힘들고 어려우며 도움이 필요하니까 드리는 것이지만, 그렇기 때문에 진짜 기도해야 할 내용은 잘 모를 수 있는 것입니다. 그래서 모든 기도는 성령님을 의지해서 드려야 합니다. 정말 다행히도 성령님께서는 늘 우리를 위해 기도하고 계십니다. 다만 우리의 심령이 욕심이나 죄악이나 자기 목적으로 채워져 있으면 성령님은 충분히 기도하실 수 없습니다. 우리가 하나님께서 기뻐하시고 기다리시는 기도가 무엇인지 알지 못해도 모든 것을 비우고 버리면서 기도할 때에 성령님은 그것을 깨닫게 해주시는 것입니다.

"이와 같이 성령도 우리의 연약함을 도우시나니 우리는 마땅
히 기도할 바를 알지 못하나 오직 성령이 말할 수 없는 탄식으
로 우리를 위하여 친히 간구하시느니라"(롬 8:26)

그냥 기도해도 하나님은 다 듣고 계시지만, 마치 어린
아이가 뭔지도 모르고 조르는 것처럼 기도할 때도 있으
나, 하나님이 보시기에 좋은 기도가 따로 있습니다. 그래
서 기도할 때에 성령님께서 원하시는 기도, 듣고 싶으신
기도를 할 수 있도록 성령 안에서 기도하려고 애를 써야
합니다. 그것은 우리가 성령 안에서 기도할 수 있도록 요
청하는 기도와 성도들을 위해서 드리는 기도입니다. 그것
이 하나님께서 우리로부터 듣고 싶으신 기도인 것입니다.

"모든 기도와 간구를 하되 항상 성령 안에서 기도하고 이를
위하여 깨어 구하기를 항상 힘쓰며 여러 성도를 위하여 구하
라"(엡 6:18)

성령님은 다른 사람들에게 성령께서 임하시기를 위해
기도해도 들어주십니다. 그것은 성령님께서 원하시는 기
도 중의 한 가지입니다. 우리들의 기도 중에서 믿지 않는
영혼들을 위한 기도가 가장 아름다운 기도일 텐데, 그 영

혼들이 하나님의 말씀을 듣고 깨닫고 받아들이게 하기 위해서는 성령께서 임하셔야 가능해지는 것입니다. 성령님은 하나님이시므로 우리의 속마음을 너무나도 잘 아십니다. 우리는 어떤 영혼들이 구원을 받게 될지 전혀 알수 없기 때문에 우리들에게 보내주신 이웃들의 영혼들에게 성령님께서 임하시기를 간절하게 기도하는 것입니다.

"그들이 내려가서 그들을 위하여 성령 받기를 기도하니"(행 8:15)

영으로 기도한다는 것은 성령님께 의지하면서 성령님이 원하시는 기도를 드리되 마음을 다해 드린다는 뜻입니다. 영으로 기도한다는 것은 육의 문제를 전부 감추고 기도한다는 것과도 같은 뜻입니다. 그리고 영이 잘되고 구원받게 하기 위해서 기도한다는 뜻도 될 것입니다. 사람의 욕심이나 성공에 대한 의욕이나 자기가 높아지기 위한 기도를 한다면 그것이 영의 기도가 되겠습니까? 온 마음을 다하여 육체의 모든 것을 비우고 깨끗한 심령으로 기도할 때에 영으로 기도하는 것이 성립될 것입니다.

"그러면 어떻게 할까 내가 영으로 기도하고 또 마음으로 기

도하며 내가 영으로 찬송하고 또 마음으로 찬송하리라"(고전 14:15)

우리는 비록 우리 자신의 문제를 위해 기도할 때라도 하나님의 뜻을 먼저 구해야 합니다. 하나님께서 원하시는 것, 하나님의 마음을 잘 분별해야 합니다. 이것을 분별하지 못하고 무조건 많이 자주 오래 기도하는 데에만 매달린다면 그 기도는 하나님의 뜻과는 거리가 멀뿐만 아니라 우리의 신앙도 더 이상 자라지 못하고 정체되어 있게 되는 것입니다.

7) 기도는 믿음으로 드려야 합니다.

이렇게 기도의 모든 것을 종합하여 볼 때 응답받는 기도의 전제조건이라고 할 수 있는 것은 바로 믿음입니다. 기도는 절대자 하나님께 드리는 것이므로 하나님께서 이루어주신다는 믿음으로 해야 합니다. 이 믿음이란 은사적으로 뛰어난 경우도 있지만, 하나님과의 관계가 살아 있어야 가능해지는 상태를 말합니다. 물론 여기에는 반드시 성령님의 능력이 함께 해야 합니다만, 하나님이 우리의 아버지이시고 예수님은 우리의 목자가 되신다는 관계의식이 형성되어야 가능해지게 되는 것입니다. 아버지를 정말 아버지라고 믿고 있습니까?

"너희가 기도할 때에 무엇이든지 '믿고' 구하는 것은 다 받으리라 하시니라"(마 21:22)

성경에 나오는 혈루증 앓는 여자는 죽고자 하는 간절한 마음으로 예수님께 자기 질병을 맡겼습니다. 물론 그렇게 기도하는 순간에 하나님을 아버지라고 확신했는지는 우리가 알 수 없지만, 믿음으로 예수님의 옷자락을 만졌다가 질병에서 놓여났다고 했으므로 예수님을 구원자로 또는 자기생명을 좌우할 수 있는 목자로 의식한 것만은 사실일 것입니다.

"예수께서 돌이켜 그를 보시며 이르시되 딸아 안심하라 네 믿음이 너를 구원하였다 하시니 여자가 그 즉시 구원을 받으니라"(마 9:22)

귀신들린 딸을 위해 예수님께 기도드렸던 여인의 딸도 믿음으로 깨끗해졌습니다. 이 여인은 이방인이었습니다. 그럼에도 불구하고 예수님을 구원자로 믿었기 때문에 그렇게 소리 지르고 울부짖으며 기도할 수 있었고, 예수님은 그런 믿음을 보시고 고쳐주셨던 것입니다. 더구나 이 여인은 자신의 질병이 아니라 집에 두고 온 자기 딸의 귀신들림을 고치기 위해 일부러 먼 곳을 찾아온 것이었습니다. 모두가 절박한 상황에서 예수님을 구세주로 믿는 믿음 때문에 고친 사람들이었습니다.

> "이에 예수께서 대답하여 이르시되 여자여 네 믿음이 크도다 네 소원대로 되리라 하시니 그 때로부터 그의 딸이 나으니라"(마 15:28)

믿음으로 기도하면 아무도 모르게 골방에서 기도해도 하나님께서 듣고 응답해주십니다. 보통 성경에는 많은 사람들이 모여 있거나 소수의 사람들이라도 있는 경우에 질병을 고친 기록이 많지만 그것은 하나님의 영광과 예수님의 메시아 되심을 보여주기 위해서 그런 것이지 반드시 그래야 하는 것은 아닙니다. 오히려 사람에게 보이려는 자세가 아니라 하나님과의 관계 속에서 간구하는 것을 하나님은 더 기뻐하십니다. 무슨 기도이든지 사람들에게 인정받으려는 기도가 아니라 하나님과 일대일의 관계 속에서 모든 간절함을 더할 때 응답해주시는 것입니다.

> "너는 기도할 때에 네 골방에 들어가 문을 닫고 은밀한 중에
> 계신 네 아버지께 기도하라 은밀한 중에 보시는 네 아버지께
> 서 갚으시리라"(마 6:6)

믿음으로 기도한다는 것은 무조건 필요할 때만 찾아와서 큰 소리로 간구하는 것을 의미하지는 않습니다. 말하자면 평소에는 자기 마음대로 살다가 문제를 만날 때만 믿음을 내세우며 기도하는 것이 아니라, 평상시의 실생활을 거룩한 믿음 안에서 살려고 애를 쓰는 것을 말합니다. 생각과 말과 행동을 믿음 안에서 지키려고 할 때 그 믿음이 그 사람을 살리는 것입니다. 물론 그렇게 급하게 찾아와서 기도를 드려도 응답하실 때가 많습니다만, 그럴 때에는 그 치유로 인하여 하나님과의 관계를 더 깊게 하시려는 의도가 있는 것입니다. 하나님은 언제나 말씀과 기도로 깊게 교제할 수 있기를 원하고 계십니다.

> "사랑하는 자들아 너희는 너희의 지극히 거룩한 믿음 위에 자
> 신을 세우며 성령으로 기도하며"(유 1:20)

믿음이란 우리의 삶 자체를 하나님께 의존하는 것입니다. 우리를 죽이시더라도 결국 최상의 것을 주신다는 그런 신뢰를 말하는 것입니다. 하나님을 전적으로 신뢰하면 완전한 의존성을 가지게 되고, 그렇게 되면 그것이 큰 믿음이 되는 것입니다. 세상 일로 분주하면 하나님께 대한 믿음이 깊어지기가 어렵습니다. 우리가 하나님만을 의지하고 신뢰하면서 기도생활을 하면 하나님은 우리의 세상문제를 다 해결해 주시는 것을 믿는 것이 참된 믿음입니다.

5
교회에서도 돈이 있어야 대접받나요?

교회에 대해서 가장 많은 오해가
빈부의 차이, 곧 돈 문제에 대한 것입니다.
그렇게 오해할 만한 여지가 있습니다만,
하나님은 부자와 가난한 자를
구별하거나 차별하지 않으십니다.
교회가 그런 오해를 받게 만든다면
그것은 전적으로 교회의 책임입니다.
곧 성도들의 책임이라는 것입니다.
하나님의 일은 결코 돈으로 할 수 없고
돈으로 하면 부작용만 생기는 것입니다.

1) 돈 때문에 차별해서는 안 됩니다.

사람이 사는 데에는 반드시 돈이 필요하고 기독교인들이라고 할지라도 당연히 돈은 필요합니다. 성경에도 돈이나 부(富)와 관련된 구절이 자주 나옵니다. 구약의 율법에서 이웃과의 관계에 대한 구절들은 사실상 돈의 사용과 관련된 하나님의 명령들입니다. 물질이 많은 사람이 있고 가난한 사람이 있지만 그 물질 때문에 누군가가 차별당한다거나 불이익을 당하게 된다면 하나님은 결코 기뻐하지 않고 징벌하십니다. 성경에는 돈이 많고 적음에 따라 차별하는 행위를 분명하게 지적하고 있습니다. 하나님의 말씀이 아니라 일반 사람들의 눈에도 그것은 분명히 죄로 여겨질 것입니다.

> "만일 너희 회당에 금 가락지를 끼고 아름다운 옷을 입은 사람이 들어오고 또 남루한 옷을 입은 가난한 사람이 들어올 때에 너희가 아름다운 옷을 입은 자를 눈여겨보고 말하되 여기 좋은 자리에 앉으소서 하고 또 가난한 자에게 말하되 너는 거기 서 있든지 내 발등상 아래에 앉으라 하면 너희끼리 서로 차별하며 악한 생각으로 판단하는 자가 되는 것이 아니냐"(약 2:2~4)

돈 문제뿐만 아니라 신체의 부자유나 신분이나 인종의 차이도 있을 수 없다고 말씀하십니다. 어떤 경우에라도 인간 자체를 차별하는 것은 있을 수 없습니다. 극단적인 경우이지만 동성애자를 차별하지 말라고 주장하는 사람들이 있는데, 차별하는 것과 분별하는 것은 분명히 다르다는 사실을 알아야 합니다. 생육하고 번성하라는 하나님의 창조섭리에 어긋나는 동성애는 분명히 금해야 하고 또 치료의 길을 여는 일에 최선을 다해야 하는 것이지 동성애 자체를 인정하고 차별하지 말라는 것은 성경적으로 볼 때 맞지 않는 일입니다. 물론 그럼에도 불구하고 사람 자체를 차별해서는 안 됩니다. 동성애자이든 어떤 죄인이든 사람은 그 영혼 자체를 보는 것이기 때문입니다. 예수님도 세리와 죄인들을 차별하지 않으셨습니다. 그들의 죄는 지적하시되 그들의 영혼은 가까이 하셨습니다.

"거기에는 헬라인이나 유대인이나 할례파나 무할례파나 야만인이나 스구디아인이나 종이나 자유인이 차별이 있을 수 없나니 오직 그리스도는 만유시요 만유 안에 계시니라"(골 3:11)

사람을 차별하는 일은 죄를 짓는 것이라고 분명하게 말씀하고 있습니다. 특히 물질이란 하나님께서 천지를 창조하실 때 모든 사람들에게 다 주신 것인데 일부 사람들이 그 물질을 과다하게 소유하고 있다면 그것은 하나님의 뜻이 아니기 때문입니다. 물질이 제도화되면서 돈이 생긴 것이 아닙니까? 자본주의 사회에서 돈의 편중현상은 어쩔 수 없는 일입니다만, 누군가 과다하게 소유하고 있다면 그것은 다른 사람의 몫을 차지하고 있는 것이라는 사실을 알아야 합니다. 나눔과 섬김은 그런 의미에서도 반드시 필요한 것입니다.

"만일 너희가 사람을 차별하여 대하면 죄를 짓는 것이니 율법이 너희를 범법자로 정죄하리라"(약 2:9)

많은 경우에 부자들은 가난한 사람들보다 하나님과 가까워지기가 더 어려울 때가 많습니다. 돈이라는 것은 많이 가지고 있으면 하지 못할 일이 없고 하나님을 의지할 필요가 거의 없어지기 때문에 믿음과 가까워지기 어렵습니다. 그래서 오히려 돈이 많은 사람보다는 돈이 없는 사람들이 하나님을 더 깊이 믿을 수 있습니다. 그렇다고 돈이 많고 적음에 따라 믿음의 좋고 나쁨이 결정되는 것은 아닙니다. 건강한 신앙의식을 소유하고 있으면 돈의 많고 적음이 별 영향을 미치지 않는 것입니다. 다만 돈이 많으면 하나님을 의지하지 않고 돈을 주로 의지하게 되기 쉬우므로 믿음에서 더 멀어지는 것이 대다수의 현상인 것은 사실입니다.

> "다시 너희에게 말하노니 낙타가 바늘귀로 들어가는 것이 부자가 하나님의 나라에 들어가는 것보다 쉬우니라 하시니"(마 19:24)

그렇다고 하나님이 무조건 가난한 사람들의 편인 것은 아닙니다. 세상에서는 무조건 가난하고 어려운 사람들의 편이 되어 부자들과 싸우려는 사람들도 많지만, 중요한 것은 돈의 많고 적음이 아니라 정의와 사랑이 들어있는가 하는 점입니다. 부자이든 가난한 사람이든 사회의 질서 안에서 모든 것이 적용되는 것이 중요합니다. 하나님은 돈의 많고 적음이 아니라 사람들의 믿음과 그 마음을 보시기 때문입니다. 성경에도 부자들의 이야기가 많이 나옵니다. 그들이 부자라고 해서 차별하거나 불이익을 주시는 것은 아닙니다. 예수님은 부자들의 마음과 가난한 사람들의 마음을 이야기하시는 것입니다.

> "네가 말하기를 나는 부자라 부요하여 부족한 것이 없다 하나 네 곤고한 것과 가련한 것과 가난한 것과 눈 먼 것과 벌거벗은

것을 알지 못하는도다"(계 3:17)

돈 때문에 차별하는 것이 확실하다면 그런 교회에 가지 말고 다른 교회에 가서도 됩니다. 하나님은 어떤 조건 때문에, 특히 돈 때문에 차별하는 것을 아주 싫어하십니다.

2) 헌금은 하나님께 드리는 예물입니다.

교회가 부자와 가난한 사람을 차별하는 것은 결코 있어서는 안 될 일이지만, 많든 적든 헌금에 대해서는 바로 알아야 합니다. 만약에 교회에서 돈 때문에 차별하는 일이 생긴다면 결국 헌금 때문이 아니겠습니까? 우리가 반드시 알아야 할 것은 헌금은 돈이 아니라 하나님께서 거룩하게 받으시는 예물이라는 것입니다. 물론 돈은 교회의 여러 가지 일에 직접 사용되는 것은 맞지만, 성도는 돈을 드리는 것이 아니라 예물을 드리는 것임을 확실하게 믿어야 합니다. 헌금에 해당되는 구약의 제물을 하나님은 향기라고 말씀하셨습니다.

"이스라엘 자손에게 명령하여 그들에게 이르라 내 헌물, 내 음식인 화제물 내 향기로운 것은 너희가 그 정한 시기에 삼가 내

게 바칠지니라"(민 28:2)

출애굽한 이스라엘 백성들에게 성막을 지을 물건들을 가져오라고 명령하시면서 그것을 예물이라고 말씀하셨습니다. 하나님은 영이시지만 하나님의 자녀들은 육체를 가지고 있으므로 보이는 물질이 반드시 필요합니다. 뿐만 아니라 성도들이 하나님을 사랑하고 예배드리는 데에도 물질로 드릴 수밖에 없습니다. 사람의 심령의 중심은 하나님께서도 너무나 잘 아시지만 그 심령은 육신과 물질로 표현하게 되기 때문입니다. 그래서 보이는 물질이 향기가 될 수 있고 예물이 될 수 있는 것입니다.

"이스라엘 자손에게 명령하여 내게 예물을 가져오라 하고 기쁜 마음으로 내는 자가 내게 바치는 모든 것을 너희는 받을지니라"(출 25:2)

성경에 보면 하나님께서 예물이라고 하신 것에는 다음과 같은 각종 물품들이 들어 있었습니다. 오늘날로 말하면 헌금 또는 헌물이라고 할 수 있습니다. 이 물품들은 돈이 필요가 없는 광야생활에서 하나님의 성막을 짓기 위해서 필요한 물품들이었습니다. 오늘날에는 대개 돈으로 구입 가능한 물건들이지만 그러나 어떤 물품으로 드린다고 할 때에는 그 물품에 들어있는 의미를 하나님께 드리는 것이 될 것입니다. 아무튼 물건이지만 예물이 될 수 있고 그것이 하늘나라에 향기가 되는 것입니다.

> "너희가 그들에게서 받을 예물은 이러하니 금과 은과 놋과 청색 자색 홍색 실과 가는 베 실과 염소 털과 붉은 물 들인 숫양의 가죽과 해달의 가죽과 조각목과 등유와 관유에 드는 향료와 분향할 향을 만들 향품과 호마노며 에봇과 흉패에 물릴 보석이니라"(출 25:3~6)

사실은 직접적인 헌금만 하나님께서 예물로 받으시는 것은 아닙니다. 교회에 드리는 것이 아니라 아무도 모르게 이웃 사람을 도운 일에도 하나님은 마치 예물처럼 받으시고 갚아주신다고 약속하셨습니다. 왜 그렇겠습니까? 이웃을 돕는 일에도 하나님을 향한 믿음을 예수님의 이름으로 드린 것이 되기 때문입니다. 우리는 보통 교회에 헌금으로 드린 것만 하나님께서 기뻐 받으신다고 생각하기 쉽지만 결코 그렇지 않습니다. 우리가 우리의 소유 중에서 이웃에게 나누는 것은 하나님을 대신하여 나누는 것이므로 하나님께서 더 기뻐 받으십니다. 그것이 기독교인들이 물질을 사용하는 방식인 것입니다. 물론 사람들에게 자기를 자랑하거나 과시하려는 마음으로 나눈다면 하나님은 오히려 기뻐하지 않으시고 그 사람을 나무라실 것입니다. 이웃에게 행한 나눔이 헌금이 되려면 하나님만 아시도록 나누어야 하는 것입니다.

> "너는 구제할 때에 오른손이 하는 것을 왼손이 모르게 하여 네 구제함을 은밀하게 하라 은밀한 중에 보시는 너의 아버지께서 갚으시리라"(마 6:3~4)

3) 헌금은 최선을 다해야 합니다.

그러면 하나님께 드리는 예물로서의 헌금은 어떤 것이 가장 큰 헌금이겠습니까? 많든 적든 최선으로 드리는 헌금이 가장 큰 헌금입니다. 예수님은 사람들이 헌금함에 헌금하는 광경을 지켜보시다가 가장 적은 헌금을 드린 여인을 오히려 칭찬하셨습니다. 예수님은 헌금을 돈의 많고 적음으로 보시는 것이 아니라 마음의 크고 작음으로 보시는 것입니다. 이렇게 분명하게 말씀해 주셨음에도 현실 교회에서는 많이 헌금하는 사람을 우대하는 듯한 모습이 보일 때가 종종 있는 것은 사실입니다.

"한 가난한 과부는 와서 두 렙돈 곧 한 고드란트를 넣는지라 예수께서 제자들을 불러다가 이르시되 내가 진실로 너희에게 이르노니 이 가난한 과부는 헌금함에 넣는 모든 사람보다 많이 넣었도다"(막 12:42~43)

그런데 우리가 일반적으로 부자들이 헌금을 많이 한다고 생각하겠지만, 꼭 그렇지만도 않다는 사실을 알아야합니다. 돈이 많은 사람이라고 해서 헌금을 많이 하는 것은 아닙니다. 오히려 가난한 가운데에서 기쁨으로 최선을 다해서 드리면 그것은 지극히 풍성한 헌금이 되는 것입니다. 어려운 사람들의 사정은 어려운 사람들이 더 잘압니다. 그러니까 가난한 사람들끼리 같은 마음이 되어 최선을 다해 돕는 것은 일반적인 현상이기도 합니다. 교회 헌금도 마찬가지입니다. 부자이든 가난한 사람이든 교회의 필요에 대해서 더 간절하게 생각하는 사람이 헌금을 더 많이 하게 되는 것이고 하나님은 이것을 굉장히기뻐하십니다.

"환난의 많은 시련 가운데서 그들의 넘치는 기쁨과 극심한 가난이 그들의 풍성한 연보를 넘치도록 하게 하였느니라"(고후 8:2)

그러면 예수님은 왜 많은 돈을 낸 사람을 칭찬하지 않으셨을까요? 액수가 커야 교회의 필요에 더 유용하고 효과적으로 사용할 수 있는 것이 아닙니까? 왜냐하면 비록 금액은 클지 몰라도 저들이 가지고 있는 많은 것들 중의 일부를 드린 것이기 때문입니다. 즉 교회를 향한 그들의 마음의 크기가 자기 소유에서 얼마의 부분을 헌금할지를 결정한다는 것입니다. 그들은 그들이 가지고 있는 소유 중에서 극히 일부만을 헌금했기 때문에 하나님도 금액의 크기가 아니라 그 적은 마음만을 받으시는 것입니다. 그러나 이 가난한 과부는 현재 자기가 가지고 있는 돈 전부를 넣었습니다. 그것은 하나님만을 전적으로 신뢰하고 의지한다는 믿음의 표현입니다. 하나님은 헌금이든 헌신이든 구제이든 어떤 경우에도 전부의 믿음을 가장 귀하게 보십니다.

" … 이 가난한 과부가 다른 모든 사람보다 많이 넣었도다 저들은 그 풍족한 중에서 헌금을 넣었거니와 이 과부는 그 가난한 중에서 자기가 가지고 있는 생활비 전부를 넣었느니라"(눅 21:3~4)

물론 헌금을 할 때마다 가지고 있는 돈 전부를 넣으면

어떻게 되겠습니까? 굶으면서 헌금할 수는 없지 않겠습니까? 다만 때를 따라 적절하게 하되 힘에 지날 정도로 하나님께 예물을 드리겠다는 마음으로 하라는 것입니다. 사람은 액수의 크기나 많고 적음을 보기 쉽지만 하나님은 겉으로 드러나는 액수가 아니라 마음의 액수의 크기를 보시는 것입니다.

"내가 증언하노니 그들이 힘대로 할 뿐 아니라 힘에 지나도록 자원하여"(고후 8:3)

헌금이든 연보이든 돈이 아깝다는 마음으로 드리는 것이 아니라 하나님과 사람을 기쁘게 해드린다는 마음으로, 사람에게 보이려고 하는 것이 아니라 하나님께 감사하게 드리는 것이 헌금인 것입니다. 그렇게 힘을 다해 드리면서 혹시 현실적인 부담이 될 수도 있겠지만 그렇게 드림으로써 하나님께서 기뻐 받으신다면 하나님은 가장 적절하게 채워주심으로써 모자람이 없게 해주시는 것을 믿는 믿음이 중요한 것입니다.

"이는 마게도냐와 아가야 사람들이 예루살렘 성도 중 가난한 자들을 위하여 기쁘게 얼마를 연보하였음이라"(롬 15:26)

4) 헌금보다 용서와 헌신이 먼저입니다.

하나님은 여러 가지 형태의 헌금을 받으십니다. 예배 때 드리는 물질의 헌금을 받으십니다. 또한 이웃사람들을 물질로 도와도 헌금으로 받으십니다. 주를 위해 봉사를 해도 봉사의 헌금을 받으시고, 그리스도의 복음을 전해도 전도의 헌금을 받으시고, 그뿐 아니라 용서하기 어려운 사람을 용서해도 용서의 헌금을 받으십니다. 왜냐하면 헌금은 하나님께 드리는 믿음의 예물이니까요. 헌금은 단지 헌금 자체에 그치는 것이 아니라 생활이 곧 헌금이라는 사실을 받아들여야 합니다. 헌금만 많이 하고 삶에서 헌신이 빠진다면 그 헌금이 헌금이겠습니까? 교회에 많은 헌금을 하여 이름을 남기고는 주변의 어려운 이웃들을 외면해 버린다면 그 헌금은 결코 예물로 받으실 수가 없는 것입니다.

헌금, 헌물, 구제, 심지어 남을 용서하고 남을 도운 것까지 하나님은 다 보고 계십니다. 전혀 물질이 아닌 것처럼 보이는 사랑과 용서의 행위가 마치 많은 헌금을 드린 것과 같은 결과를 만들어내는 일은 하나님께서 영이시기 때문에 가능한 것입니다. 모든 일을 하나님 앞에서 행하는 마음으로 하면 하나님은 모든 것을 예물로 받아 주십니다. 예물을 하나님께 드리다가 이웃과 다툰 일이 생각나면 물질의 예물보다 먼저 화해의 예물을 드리라고 하셨습니다. 그것은 아무리 많은 헌금을 하더라도 이웃에게 상한 마음을 풀지 못하면 소용이 없다는 뜻입니다.

하나님사랑과 이웃사랑의 비중은 똑같은 것입니다. 하나님사랑 50%, 이웃사랑 50%가 아닙니다. 하나님사랑과 이웃사랑은 모두가 100%라야 합니다. 이웃사랑을 외면하고 하나님사랑에만 집중하거나 하나님사랑은 빼놓고 이웃사랑에만 집중한다면 신앙 점수는 50점이 되는 것이 아니라 영점처리가 될 것입니다. 그 말은 하나님사랑으로서의 헌금도 예물이고 이웃사랑으로서의 헌금도 예물이 될 수 있다는 말이며, 양쪽 다 하면 200점이 되지만 어느 한쪽을 빼놓으면 아무런 칭찬도 듣지 못할 것이라는 말입니다.

> "그러므로 예물을 제단에 드리려다가 거기서 네 형제에게 원
> 망들을 만한 일이 있는 것이 생각나거든 예물을 제단 앞에
> 두고 먼저 가서 형제와 화목하고 그 후에 와서 예물을 드리
> 라"(마 5:23)

중요한 것은 혹시 헌금할 여건이 안 되더라도 예배의

자리에 나와서 예배를 드리는 것 자체가 헌금이라고 말씀하는 것입니다. 이 말씀은 진실한 마음과 몸으로 예배에 헌신하라는 뜻입니다만, 돈보다 마음이 훨씬 중요하다는 말씀이기도 한 것입니다. 물론 본문의 이 말씀은 자기를 버리고 비우고 낮아져서 오직 하나님만을 예배하라는 말씀이지만, 동시에 예배에 참석하여 영과 진리로 예배를 드림으로써 스스로 제물이 되라는 말씀, 곧 보이지 않는 영의 예물을 드리라는 말과도 통하는 것입니다.

> "그러므로 형제들아 내가 하나님의 모든 자비하심으로 너희를 권하노니 너희 몸을 하나님이 기뻐하시는 거룩한 산 제물로 드리라 이는 너희가 드릴 영적 예배니라"(롬 12:1)

돈으로 드리는 헌금은 믿음의 작은 결과일 뿐입니다. 믿음은 다양하게 나타날 수 있습니다. 만약에 돈으로 헌금하는 것으로만 하나님께 드리는 예물을 대신하려고 한다면 곧바로 율법주의에 빠지게 됩니다. 하나님은 우리의 삶 전체를 보고 계십니다. 예수님은 분명하게 삶의 예물에 대해서 말씀하셨습니다. 짐승을 잡아 죽여서 피로 제사를 드리는 것보다 오히려 하나님을 사랑하고 이웃을 자기 자신과 같이 사랑하는 예물이 더 크다는 것입니다. 오늘날 교회에서 이렇게 삶의 예물을 많이 가르쳐야 하는데 직접 돈으로 드리는 헌금만을 지나치게 강조하여 교회를 키우는 데 사용해 왔었음을 말하지 않을 수가 없습니다. 우리는 이웃사랑의 예물을 많이 드려야 합니다.

> "또 마음을 다하고 지혜를 다하고 힘을 다하여 하나님을 사랑
> 하는 것과 또 이웃을 자기 자신과 같이 사랑하는 것이 전체로
> 드리는 모든 번제물과 기타 제물보다 나으니이다"(막 12:33)

5) 사랑의 헌금이 이상적입니다.

헌금의 가장 이상적인 모습은 기독교 초기의 예루살렘 교회에서 찾아볼 수 있습니다. 물질을 공유하는 공동체 교회의 모습에서 우리는 저 영원한 하늘나라의 모형을 발견할 수 있습니다. 그러니까 헌금을 헌금 자체로만 보는 것이 아니라 그리스도인의 물질생활 전체 속에서 보아야 한다는 말입니다. 초대교회 성도들이 자기 집이나 땅을 팔아 사도들의 발 앞에 두었다는 것을 헌금으로 보아야 하겠습니까? 아니면 그냥 구제금으로 보아야 하겠습니까? 물론 교회 안에서 이루어지는 일이니까 명목상으로는 헌금이라고 볼 수 있습니다. 그러나 그 사용처나

목적을 보면 단순히 헌금으로만 볼 수는 없고 신앙생활 자체로 볼 수 있을 것입니다.

> "그 중에 가난한 사람이 없으니 이는 밭과 집 있는 자는 팔아
> 그 판 것의 값을 가져다가 사도들의 발 앞에 두매 그들이 각
> 사람의 필요를 따라 나누어 줌이라"(행 4:34~35)

예수님께서도 이와 비슷한 말씀을 하신 적이 있습니다. 율법을 잘 지키는 믿음 좋은 어떤 부자 청년이 영생을 얻을 수 있는 방법을 가르쳐달라고 요청했을 때 예수님은 소유를 팔아 가난한 사람들에게 다 나누어주라고 말씀하셨습니다. 물론 이 말씀은 헌금과 직접 관련된 말씀은 아닙니다만, 기독교인들은 물질이든 육신이든 환경이든 전부 하나님과의 관계 속에서 모든 삶이 이루어진다는 사실을 생각한다면 돈을 따로 떼어서 헌금으로 구분할 필요조차도 사라지게 되는 것입니다. 이 말씀은 무엇을 기준으로 세상을 사는가의 문제입니다. 이 부자 청년이 영생을 얻기 위한 관문 중에서 유일하게 막혀 있는 것이 바로 재산이라는 말입니다. 그래서 예수님은 "온전하고자 할진대"라는 조건을 말씀하셨던 것입니다.

"예수께서 이르시되 네가 '온전하고자 할진대' 가서 네 소유를
팔아 가난한 자들에게 주라 그리하면 하늘에서 보화가 네게
있으리라 그리고 와서 나를 따르라 하시니"(마 19:21)

그러나 위의 말씀은 누구나 의무감으로 재산을 다 팔
아야 한다는 뜻은 아닙니다. 만약에 그렇게 하면 기독교
인들의 생활은 어떻게 하겠습니까? 이것은 우리의 믿음
의 조건을 말하는 것입니다. 삶의 우선순위가 예수님이
어야 하고 믿음의 중심이 하나님이어야 한다는 뜻입니
다. 재산을 팔아서 나누어주는 것이 핵심이 아니라 하나
님을 향한 믿음의 우선순위가 무엇인가 하는 점이 중심
입니다. 재산을 팔더라도 억지로 한탄하면서 판다면 아
무런 의미도 없을지도 모릅니다. 여리고의 세리장이었던
부자 삭개오에게는 그런 말씀을 하지 않으셨어도 스스로
재산의 절반을 팔아서 가난한 사람들에게 주겠다고 했습
니다. 예수님은 이것을 높이 평가하시면서 그 집에 구원
이 이르렀다고 선포하셨습니다. 물질보다 믿음이 중심인
것입니다.

"삭개오가 서서 주께 여짜오되 주여 보시옵소서 내 소유의 절
반을 가난한 자들에게 주겠사오며 만일 누구의 것을 속여 빼

앗은 일이 있으면 네 갑절이나 갚겠나이다"(눅 19:8)

중요한 것은 모든 헌금에는 진정한 사랑이 전제되어야한다는 것입니다. 억지로나 체면 때문에 헌금하는 것이아니라 하나님과 교회와 성도들과 이웃들을 얼마나 사랑하는가 하는 것이 중요합니다. 헌금은 하나님사랑, 이웃사랑의 모든 뜻을 담고 하나님께 드리는 것입니다. 이제까지 사랑 없는 헌금을 행해왔다면 이제부터는 헌금의앞과 뒤에 반드시 사랑으로 무장해야 한다는 사실을 생각하기 바랍니다. 돈 때문에 차별을 한다면 하나님을 몰라도 너무 모르는 것입니다. 하나님의 마음에 드는 헌금생활을 할 때 하나님께서 그것을 모르시겠습니까? 하나님은 우리를 사랑하셔서 물질이 아니라 온 몸을 다 주셨습니다. 그렇다면 헌금을 이리저리 재고 따지는 것이 아니라 우리의 삶 전체를 헌금으로 드리는 것이 믿음의 본질인 것입니다.

"내가 내게 있는 모든 것으로 구제하고 또 내 몸을 불사르게
내줄지라도 사랑이 없으면 내게 아무 유익이 없느니라"(고전
13:3)

"예수께서 이르시되 네 마음을 다하고 목숨을 다하고 뜻을 다하여 주 너의 하나님을 사랑하라 하셨으니 이것이 크고 첫째 되는 계명이요 둘째도 그와 같으니 네 이웃을 네 자신 같이 사랑하라 하셨으니"(마22:37~39)

6
교회에 다니면
왜 제사를 못 지내게 하죠?

요즘은 다소 희미해진 경향이 있습니다만,
기독교 신앙과 가장 자주 부딪치는 것이
유교에서 비롯된 조상 제사 문제일 것입니다.
하지만 편견 없이 진실을 볼 수 있다면
제사에는 모순된 점이 많이 있습니다.
또한 이와 관련하여 기독교에 대한 오해도
상당히 깊은 것을 발견할 수 있습니다.
어느 쪽이나 옳게 살자는 것입니다만,
어느 쪽이 참된 복인가를 살펴보겠습니다.

1) 제사의 기원을 알아야 합니다.

우리나라에서는 전통적으로 설날과 추석에 일제히 조상에게 제사를 행하는데, 내세와 영혼의 존재를 부인하는 사람들도 그날만큼은 제사의식에 참여합니다. 어동육서(魚東肉西, 물고기는 동쪽, 고기는 서쪽), 홍동백서(紅東白西, 붉은 과일은 동쪽, 흰 과일은 서쪽)의 법을 따라 상을 차리고, 3~4대에 이르는 조상들의 이름을 쓴 위패를 올리고, 조상의 혼령을 불러들이기 위해 향을 피운 후, 두 차례에 걸쳐 큰절을 합니다. 이것이 우리나라에서 보편적으로 행해지는 민족전통의식입니다.

그런데 우리나라에서 드려지는 조상제사는 원래 조선시대에 중국에서 건너온 외래문화입니다. 공자(公子, B.C.551~479) 이전에 B.C.2000여년 쯤 세워졌다는 중국의 하(夏)나라와 B.C.1600여년 경에 세워진 상(商)나라 때 제사를 지낸 기록이 있다고 합니다. 처음에는 지금처럼 죽은 조상에게 제사를 지낸 것이 아니라 살아있는 종손에게 예를 갖추던 것이 후에 황제에게만 적용이 되었다가 그 후에 춘추전국시대에는 평민들도 제사를 지내게 되었다고 합니다.

특히 죽은 조상에게 지내는 제사는 공자가 높이 평가

하며 흠모하던 주공(周公)이라는 사람이 만든 관습입니다. 주공은 공자보다 500여 년 앞의 사람으로, 상나라를 무너 뜨리고 세워진 주(周)나라 사람인데, 부모님이 살아있을 때에는 불효자였지만, 부모님이 돌아가시고 난 후에 효자가 되기 위해 1년 동안 제사를 지냄으로써 효자 노릇을 한 것에서 유래되었다고 합니다. 우리나라의 고유한 종교가 유교라고 하니까 공자로부터 비롯된 것으로 생각하기 쉽지만 실제로는 유교와는 큰 관계가 없는 것입니다.

　우리나라에는 조선시대에 이 조상제사가 들어왔는데, 태조 이성계가 무학대사의 조언을 따라 민심을 돌이키기 위한 방법으로 조상제사를 널리 권장했다고 합니다. 우리 민족은 원래 예부터 효심이 깊은 민족이라 유교를 표방한 조상제사제도를 퍼뜨리되 제물에 그 의미를 부여했다고 합니다. 곧 대추는 씨가 하나밖에 없으므로 임금을 상징하는 것이고, 밤은 삼정승을 의미하는 것이며, 감은 그 씨를 빗대어 육판서를 상징하는 것으로 가르쳤다고 합니다. 그래서 제사상을 차릴 때 조율이시(棗栗梨枾, 대추-밤-배-감의 순서로 놓기)의 원칙으로 놓았다고 합니다. 이렇게 조상과 벼슬과 임금을 높이는 조상제사제도를 정착시킴으로써 민심을 다독거릴 수 있었습니다. 그 관습이 수백 년을 이어오면서 조선의 정신세계를 지배해 왔습니다. 그래서 문벌 좋은 가문일수록 이 제사를 성대하게 지내게 되었던 것입니다.

하지만 오늘날 이 조상제사제도는 사실은 허울 좋은 명목상의 효도행위로 격이 낮추어지게 되었습니다. 원래의 엄격한 관습과 비교하면 제사 시간부터 제사 장소까지 모든 것이 흐트러진 상태입니다. 과거에는 자정이 넘어서야 제사를 지냈는데 그 이유는 자정이 넘어야 조상의 귀신(혼령)이 올 수 있어서라고 하지만, 지금은 많은 친척이 모이기 위해서 저녁때 제사 지내는 것이 보통입니다. 또 가정집이 아니라 콘도에서 지내기도 하고, 휴가차 외국에 갔을 때 제삿날이 닥치면 거기에서 지내는 사람들도 있습니다. 조상을 섬기는 것이 아니라 자손들 편의에 따르는 제사로 떨어지고 말았습니다. 그러니까 오늘날에는 반드시 조상제사를 지내야 한다는 의미가 거의 사라졌다고 할 수 있는 것입니다.

2) 제사의 목적을 알아야 합니다.

조상제사의 가장 우선되는 목적은 유교사상을 따라 부모와 조상에게 효도를 하는 것입니다. 제사를 잘 드리는 것이 곧 효도라고 생각하여 정해진 법을 잘 지키는 데 최선을 다하는 것입니다. 그래서 교회에 다닌다고 하면 자기 부모 제사도 안 지낼 불효막심한 자식이라고 야단을 칩니다. 하지만 부모가 돌아가신 후에 아무리 제사를 잘 지내면 무슨 소용이 있습니까? 그것을 효도라고 할 수 있을까요? 효도는 부모님이 살아계실 때 드려야 진짜 효도인 것입니다.

그런데 한 걸음 깊이 들어가 보면 제사의 본래 목적은 죽은 조상이 귀신이 되어 자손들에게 복을 준다고 믿는 데 있습니다. 그래서 죽은 조상의 제사를 법을 따라 철저하게 지내면서 동시에 조상의 묘지를 좋은 곳에 만들기 위해 애를 쓰는 것을 볼 수 있습니다. 그것은 살아계신 부모님이 죽어서 귀신이 되면 복을 줄 수 있다고 믿는 것입니다. 그래서 부모님이 살아계실 때에는 자주 찾지 않던 사람도 부모님 돌아가신 후에는 제사를 잊지 않고 챙기는 일도 생기게 되는 것입니다.

조상제사의 또 한 가지 기능은 당시 조선사회를 지탱하는 근간이었다는 점입니다. 유교적인 사상에 근거하여 조상을 숭배하고 임금을 모시는 것을 미덕으로 여기는 분위기와 함께 그런 사상을 사회관습으로 자리 잡게 하기 위한 방안 중의 하나가 조상제사였습니다. 조상과 임금을 같은 차원으로 모시고 효도와 충성을 다하게 만들었던 것입니다. 그래서 조선시대의 선비는 효도와 충성을 가장 큰 덕목으로 삼았던 것입니다.

유교와 조상제사는 정권을 유지하는 것뿐만 아니라 사회질서를 지키는 데에도 큰 역할을 했습니다. 대가족들이 일정한 날에 모여 제사를 드릴 때에는 사회적 지위가 아니라 순수하게 항렬에 기초한 순서를 따라 제사에 참여할 수 있게 하는 데에서 찾을 수 있습니다. 예를 들어 높은 벼슬을 하고 있는 사람이라도 제사 때가 되어 고향에 내려가면 자기보다 항렬은 높지만 사회적으로 실패한 사람보다 후순위로 절을 하게 되어 자연스럽게 집안의 질서가 세워지게 되고 이러한 의식이 국가에도 미치게 만들었던 것입니다. 오늘날에는 조상귀신이 복을 준다는 개념보다는 집안의 결속에 더 치중하게 되었지만 조상제사의 본래의 모습을 살펴볼 필요가 있어서 상식적인 수준에서 이야기한 것입니다.

천주교에서는 당시 조선에서 행해지던 조상제사를 두 가지 성격으로 보았습니다. 하나는 하나님 대신에 조상신에게 제사를 바치는 것이요, 다른 하나는 그럼에도 불구하고 양반들이 조상신을 모신다기보다는 조상을 공경하고자 했던 윤리적 동기에서 조상제사를 모셔왔다는 점입니다. 첫 번째 성격으로 규정하면 하나님 대신 귀신에게 제사하는 것이므로 명백한 우상숭배가 되는 것이지만, 다른 관점으로 보면 단지 조상을 존경하고 그 뜻을 기리기 위한 일반적인 전통으로 보게 되는 것입니다. 어느 것이 옳은가는 명백합니다. 살아있는 부모님을 섬기는 것이라면 논리적으로 우상숭배가 아니라고 할 수 있겠지만, 이미 죽은 조상의 영혼에게 제사한다면 분명한 우상숭배입니다. 천주교에서는 초기에는 전자의 입장에 서서 많은 박해를 받았지만 이후에 후자의 입장을 받아들여 우리나라 조상제사를 허용하게 되었던 것입니다.

기독교 초기의 박해시대에도 이 문제 때문에 기독교인들이 끔찍한 박해를 당했습니다. 로마 황제를 신으로 섬겼던 우상숭배를 거부했기 때문입니다. 오직 하나님께만 예배를 드려야 하는 기독교인들로서는 신이라 불리는 황제를 비롯해서 각종 우상들에게 절을 해야 하는 당시의 관습을 그대로 따라갈 수가 없었습니다. 우상숭배를 해야 표식을 주어 취업 등 경제활동을 할 수 있었던 당시로서는 우상숭배거부는 엄청난 불이익으로 돌아왔지만 기독교인들은 그것을 이겨내고 복음을 전 세계에 전파할 수 있었던 것입니다. 우리나라 일제 강점기에도 똑같은 일이 벌어졌었습니다. 일본 천황을 숭배하는 신사참배에 대해서도 같은 일이 반복되었는데, 그 당시 우리나라 기독교계는 이것을 단지 국가의례로 해석하는 일본의 강요를 따름으로써 결국 우상숭배에 동참하고 말았던 것입니다. 조상제사도 이와 똑같은 원리를 적용하는 것입니다.

3) 죽은 조상의 귀신은 없습니다.

그런데 우리가 여기에서 꼭 생각해보아야 할 것은 조상제사를 지낼 때 정말 죽은 조상의 영혼이 제사를 받는가 하는 점입니다. 우리나라에서 귀신이라고 하면 보통은 사람이 죽어서 되는 혼령이라고 알고 있습니다. 그래서 처녀귀신이니 몽달귀신이니 하는 이야기들을 하는 것입니다. 원한이 커서 구천을 떠도는 귀신이라느니 자식 없이 죽은 귀신이라느니 하는 말들을 하는 것입니다. 성경에도 귀신이 등장합니다만, 보통 말하는 귀신과 성경에서 말하는 귀신은 근본적으로 차이가 있습니다. 한마디로 사람이 죽어서 귀신이 될 수는 없습니다.

천지를 창조하신 하나님께서 사람이 죽어서 만들어지는 귀신은 창조하지 않으셨습니다. 사람이 죽으면 영혼은 천국 아니면 지옥에 가게 되고, 세상 밖으로 나올 수 없고 후손을 만날 수도 없습니다. 한 마디로 하면 조상귀신은 없습니다. 사탄과 악한 영적 존재들이 죽은 사람의 영혼인 것처럼 속이는 것일 뿐입니다.

> "너희와 우리 사이에 큰 구렁텅이가 놓여 있어 여기서 너희에
> 게 건너가고자 하되 갈 수 없고 거기서 우리에게 건너올 수도
> 없게 하였느니라"(눅 l6:26)

성경에도 귀신이 나옵니다만, 영적 존재이기 때문에 번역하는 과정에서 우리나라 사람들에게 익숙한 '귀신'이라는 용어를 사용한 것이지 사람이 죽어서 되는 그런 귀신을 말하는 것이 아닙니다. 성경에 자주 나오는 귀신은 사람이 죽어서 된 귀신이 아니라 타락한 천사들을 칭하는 것입니다. 이들은 마귀 곧 사탄의 부하들로서 함께 타락하여 쫓겨난 악한 영들인 것입니다.

> "큰 용이 내쫓기니 옛 뱀 곧 마귀라고도 하고 사탄이라고도 하
> 며 온 천하를 꾀는 자라 그가 땅으로 내쫓기니 그의 사자들도
> 그와 함께 내쫓기니라"(계 12:9)

영혼은 결코 죽지 않을 뿐 아니라 세상에 올 수도 없고 천국으로 가거나 지옥에 멸해지게 되어 있습니다. 그렇기 때문에 온갖 종류의 귀신이라는 존재들은 전부 거짓

이며 마귀의 부하들이 죽은 사람이 온 것처럼 꾸미는 것일 뿐입니다. 심지어 심령과학이라는 데에서는 죽은 사람의 귀신뿐만 아니라 짐승들의 귀신들도 자주 나옵니다. 짐승들에게는 혼은 있지만 영이라는 것 자체가 없는데 어떻게 귀신이 될 수 있겠습니까? 짐승의 혼은 죽으면 사라져버리는 것입니다.

"몸은 죽여도 영혼은 능히 죽이지 못하는 자들을 두려워하지
말고 오직 몸과 영혼을 능히 지옥에 멸하실 수 있는 이를 두려
워하라"(마 10:28)

조상들의 영혼은 지금 천국에 가 있거나 지옥에 가 있습니다. 지상에서 제사를 지내거나 부른다고 해서 오고 갈 수 있는 것이 아닙니다. 사람이 죽으면 하나님을 믿는 사람들은 천국으로 올라가고 믿지 않고 죄가 그대로 있는 사람들은 불못(지옥)에 던져지게 됩니다. 아래 본문은 최후의 심판 때 이루어질 일들이지만, 종말이 오기 전이라도 믿지 않으면 그냥 지옥으로 가는 것입니다.

"바다가 그 가운데에서 죽은 자들을 내주고 또 사망과 음부도
그 가운데에서 죽은 자들을 내주매 각 사람이 자기의 행위대

로 심판을 받고 사망과 음부도 불못에 던져지니 이것은 둘째 사망 곧 불못이라 누구든지 생명책에 기록되지 못한 자는 불못에 던져지더라"(계 20:13~15)

4) 귀신이란 악한 영들을 말합니다.

그러므로 조상에게 제사를 지내는 것은 조상을 섬기는 것이 아니라 귀신(악령)을 섬기는 것입니다. 제사는 죽은 조상의 혼령을 공경하는 제도 같지만 사실은 악한 영들에게 드려지는 것입니다. 보통 제사를 지낼 때 조상의 위패를 모시는데 세월이 흘러서 위패가 아주 많이 모이게 되면 전부 다 제사지내기가 불가능해지고 그러면 더 높은(오래 된) 조상들의 위패를 폐기하게 되는데, 더 높은 조상들의 위패를 처리할 때(제사를 폐할 때) 그 조상귀신이 가만히 있겠습니까? 기독교에서 조상제사를 드리지 못하게 하는 이유는 조상제사라는 명목으로 드려지지만 사실은 마귀의 부하 귀신들에게 제사하게 되는 것이기 때문입니다. 자신도 모르는 사이에 귀신과 교제하는 일이 일어나게 되는 것입니다.

"무릇 이방인이 제사하는 것은 귀신에게 하는 것이요 하나님

께 제사하는 것이 아니니 나는 너희가 귀신과 교제하는 자가

되기를 원하지 아니하노라"(고전 10:20)

더 중요한 이유는 하나님께서 하나님 이외의 귀신이나 우상에게 제사하는 것을 가장 싫어하시기 때문입니다. 기독교 신앙의 기본적인 출발점인 십계명에서 우상을 숭배하지 말라고 분명하게 지시하셨습니다. 하나님께서 이미 심판을 받아 귀신이 된 존재들에게 훼방을 받으시기 때문이 아니라 하나님을 믿는 백성들이 하나님을 떠나거나 틈이 벌어짐으로써 하나님의 은혜와 복을 놓칠까봐 금지하신 것입니다. 아담과 하와도 마귀(뱀)가 하나님과의 관계를 벌어지게 함으로써 타락하게 만들어서 세상에 죄가 들어온 것이 아닙니까? 우상숭배는 하나님께서 가장 크게 금하신 최후의 경계선인 것입니다.

"너를 위하여 새긴 우상을 만들지 말고 또 위로 하늘에 있는

것이나 아래로 땅에 있는 것이나 땅 아래 물 속에 있는 것의

어떤 형상도 만들지 말며 그것들에게 절하지 말며 그것들을

섬기지 말라 … "(출 20:4~5)

그러므로 원칙적으로 조상제사를 지낸 음식은 우상에

게 바쳐진 음식이므로 기독교 신앙인은 먹을 수가 없습니다. 물론 거절할 때에는 지혜롭게 행할 필요는 있습니다. 다만 제사음식을 먹는 것 자체가 기독교인들에게 무슨 영향력을 미치는 것은 아닙니다. 그러므로 제사음식이 의심되더라도 묻지 말고 먹는 것은 괜찮지만 누가 제사음식이라고 말하면 먹어서는 안 된다는 것입니다. 초신자들에게 시험거리가 될 수도 있고 또는 이방인들이 비난할 수도 있기 때문입니다.

> "너희가 주의 잔과 귀신의 잔을 겸하여 마시지 못하고 주의 식탁과 귀신의 식탁에 겸하여 참여하지 못하리라 … 불신자 중 누가 너희를 청할 때에 너희가 가고자 하거든 너희 앞에 차려 놓은 것은 무엇이든지 양심을 위하여 묻지 말고 먹으라 누가 너희에게 이것이 제물이라 말하거든 알게 한 자와 그 양심을 위하여 먹지 말라"(고전 10:21, 27~28))

그리고 무당이 죽은 영혼을 불러서 대화를 나눈다는 강신술도 전부 거짓말이라는 사실을 알아야 합니다. 전생이라는 것도 전부 죽은 사람의 귀신이 행하는 것이 아니라 마귀의 부하들, 곧 악한 영들의 속임수라는 사실을 알아야 하겠습니다. 성경에 자주 등장하는 귀신들림이라

는 것도 죽은 사람의 혼이 아니라 마귀의 부하 악령들의
장난인 것입니다.

5) 귀신은 예수님을 이기지 못합니다.

무당들도 때때로 신령하거나 신비한 능력을 나타내 보
일 때가 있습니다. 그들을 지배하고 있는 귀신들이 마귀
의 부하들 곧 영적인 존재들이기 때문입니다. 무당이 작
두를 타기도 하고 일시적으로 질병을 고치기도 하며 무
엇을 알아맞히기도 잘 합니다. 무당이 섬긴다는 귀신뿐
아니라 숱한 영적 존재들이 활동하고 있는 것은 사실입
니다. 하지만 그 어떤 존재들도 예수님 앞에서는 아무 것
도 아님을 알아야 합니다. 그 귀신들은 타락한 천사들이
기 때문에 이미 천지창조 이전부터 예수님의 존재를 누
구보다 잘 알고 있습니다. 그렇기 때문에 하나님의 아들
예수 그리스도를 먼저 알아보는 것입니다. 예수님을 믿
는 우리들보다 귀신들이 예수님을 더 잘 알고 있습니다.

"이에 데리고 오니 귀신이 예수를 보고 곧 그 아이로 심히 경
련을 일으키게 하는지라 그가 땅에 엎드러져 구르며 거품을
흘리더라"(막 9:20)

예를 들어 한국의 귀신(악령)들이 예수님을 알겠습니까? 모르는 것이 맞는 것 같지만 그들은 예수님을 두려워합니다. 요즘 이야기가 아닙니다. 기독교가 한국에 들어온 초기에도 귀신들은 예수님을 알고 있었습니다. 어떻게 알겠습니까? 예수님은 창조의 주인이시고 타락한 천사들은 원래 천사였기 때문입니다. 그래서 외국의 귀신들도 예수님을 아는 것입니다. 무당들이 굿을 하다가도 교회에 다니는 어린아이 하나가 구경하고 있으면 굿이 안 되어 아이를 쫓아낸다고 하는 사례들은 흔한 이야기입니다.

> "이에 그들이 소리 질러 이르되 하나님의 아들이여 우리가 당신과 무슨 상관이 있나이까 때가 이르기 전에 우리를 괴롭게 하려고 여기 오셨나이까 하더니"(마 8:29)

사실 기독교 신앙인들은 끊임없이 싸우는 사람들인데 그것은 세상을 주관하고 있는 마귀의 세력들을 대항하는 것입니다. 눈에 보이지 않고 느낄 수 없지만 그런 영적 세력들과 그들이 점령하고 있는 생존법칙을 거슬러 올라가면서 자기 신앙을 지키는 사람들이 기독교인들입니다. 죄와 욕심과 타락과 이기심과 비난과 시기심 등은 모두가 아담의 타락 이후에 인간 세상에 들어온 것입니다. 그 것은 곧 마귀의 생존원리에 속하는 것입니다. 기독교의 삶의 원리는 그것이 아닙니다. 사랑과 용서와 화해와 섬 김과 희생입니다. 세상의 생존법칙과 정 반대되는 것입니다. 그러니까 세상과 같은 원리로 산다는 것은 마귀의 영향력을 받는다는 말이고 기독교인의 삶의 방식은 거기에 대항해서 복음적인 삶을 살기 위해서 싸우는 것입니다. 그렇기 때문에 직접적으로 귀신들이 영향을 끼치는 것은 아니지만 우리의 삶은 결국 어둠의 영들을 대항하는 것이라는 말입니다.

> "우리의 씨름은 혈과 육을 상대하는 것이 아니요 통치자들과 권세들과 이 어둠의 세상 주관자들과 하늘에 있는 악의 영들을 상대함이라"(엡 6:12)

분명히 마귀 또는 귀신들은 사람보다 강합니다. 기독교인이 아무리 믿음이 좋아도 귀신과 일대일로 싸워서 이길 수는 없습니다. 그래서 예수님을 의지해야 하는 것이고, 예수님은 그 싸움에서 죽었다가 부활하심으로써 이미 이겨놓으셨기 때문에 신앙인이 예수님을 붙잡으면 마귀를 넉넉히 이길 수 있는 것입니다. 조상에게 효도한

다는 조상제사로부터 시작되는 영적인 원리들은 겉으로
는 평화를 앞세우고 선의를 가장하는 마귀와 그의 부하
귀신들을 대항하는 것이라는 사실을 알고 있어야 합니
다. 이것을 이해하지 못하면 조상에게 효도를 다한다는
세상의 논리, 곧 악한 영들의 거짓에 속아 넘어가게 되는
것입니다. 그뿐 아니라 세상에서 주장하는 여러 가지 삶
의 원리에 대적하지 못하고 그들에게 휩쓸려가게 되는
것입니다. 세상에서부터 분리되라는 이야기가 결코 아닙
니다. 잘 분별하여 하나님의 기쁨이 되어야 한다는 말입
니다.

6) 제사보다 참된 효도를 해야 합니다.

그러면 일부에서 비판하듯이 기독교는 조상에게 불효
하는 종교일까요? 그것은 단지 기독교에 대해서 비판하
기 위한 것이거나 큰 오해에서 비롯되는 것입니다. 기독
교야말로 부모에게 효도하는 것을 강조하는 종교입니다.
성경은 부모를 공경할 것을 공식적으로 요구하고 있습니
다. 그것이 복을 받고 잘 되는 비결이라는 것입니다. 죽
은 조상에 대한 제사를 잘 지내야 후손이 복을 받는 것이
아니고 부모님 생전에 효도를 다 해야 복을 받습니다. 그

것이 하나님의 약속입니다.

> "네 아버지와 어머니를 공경하라 이것은 약속이 있는 첫 계명
> 이니 이로써 네가 잘 되고 땅에서 장수하리라"(엡 6:2~3)

십계명을 보면 앞의 네 가지가 하나님께 대한 계명이고 뒤의 여섯 가지가 사람에 대한 계명인데, 사람에 대한 계명 중에서 가장 중요하고 우선되는 계명이 바로 부모에게 효도하는 것입니다. 부모공경은 넓게 보면 이웃사랑에 해당되는 것입니다. 자기 자신 이외에는 모두가 타인이기 때문입니다. 부모사랑은 이웃사랑의 첫 관문입니다. 물론 부모사랑이든 이웃사랑이든 진정한 하나님사랑 곧 우상을 숭배하지 않고 하나님만을 섬기는 신앙에서부터 출발해야 합니다. 그렇게 될 때 생명이 길다고 하셨습니다.

> "네 부모를 공경하라 그리하면 네 하나님 여호와가 네게 준 땅
> 에서 네 생명이 길리라"(출 20:12)

사실 성경은 부모님뿐만 아니라 노인을 공경하라고 말씀하고 있습니다. 우리나라의 미풍양속인 노인공경문

화가 사실은 성경적이었던 것입니다. 노인공경과 하나님 경외를 같은 선상에서 말씀하셨습니다. 왜 그렇겠습니까? 여기에서 노인은 단순히 나이가 많은 사람만을 뜻하는 것이 아니라 여호와 하나님을 오랫동안 믿음으로써 신앙이 성숙한 사람을 뜻하기 때문입니다. 하나님을 경외하는 일은 믿음이 좋은 신앙의 선배를 공경하는 일에서 출발하는 것입니다.

"너는 센 머리 앞에서 일어서고 노인의 얼굴을 공경하며 네 하나님을 경외하라 나는 여호와이니라"(레 19:32)

성경이 얼마만큼 부모에게 효도할 것을 강조하는가 하면 심지어 부모를 비방하는 자를 죽이라고까지 말씀하셨습니다. 시대적인 차이가 있지만 기독교가 효도종교라는 사실만은 분명합니다. 이렇게까지 강하게 명령하시는 이유는 하나님께서 세우신 삶의 원리들을 범하게 되면 그것은 곧바로 이방인들의 우상숭배 사상에 노출되고 동시에 여호와 신앙도 희미해지게 되기 때문입니다. 오늘날에도 하나님의 명령의 원리를 따라 살아야 하는 것입니다.

"하나님이 이르셨으되 네 부모를 공경하라 하시고 또 아버지

나 어머니를 비방하는 자는 반드시 죽임을 당하리라 하셨거

늘"(마 15:4)

우리가 알아야 할 또 한 가지는 부모를 공경하는 효도
는 예수님으로부터 비롯된 것을 알아야 합니다. 물론 예
수님의 육신의 부모에게도 해당되는 것이지만 그 이전에
하늘의 아버지에 대한 공경을 보여주신 것입니다. 예수
님은 아버지 하나님을 공경하시고 절대 순종하셨습니다.
육신의 부모사랑의 원리가 여기에서 출발해야 하는 것입
니다. 부모사랑이 축복의 지름길입니다.

"예수께서 대답하시되 나는 귀신 들린 것이 아니라 오직 내 아

버지를 공경함이거늘 너희가 나를 무시하는도다"(요 8:49)

사실 부모와 자녀 관계를 주신 것은 부모를 통하여 하
나님을 더 잘 이해하고 믿게 만들려는 이치도 들어 있는
것입니다. 기독교는 효도를 강조하고 실천하는 종교입니
다. 눈에 보이지 않는 하나님과의 관계를 눈에 보이는 부
모와 자식 간의 관계에서 실체적으로 배우라고 하신 것
입니다.

7
하나님의 천지창조,
어떻게 알 수 있죠?

천지창조는 쉽지 않은 이야기입니다.
왜냐하면 직접적인 증거가 없기 때문입니다.
하지만 천지창조에는 몇 가지 증거,
곧 문서적, 역사적인 증거와 함께
더 확실하게 증거로 삼을 수 있는
자연 및 과학적인 증거들이 많이 있습니다.
물론 그런 증거들에서 요구되는 전제는
믿음의 눈으로 볼 수 있어야 한다는 것입니다.
우리는 그런 주관적인 증거와 함께
최대한 객관적으로 이야기해야 합니다.

1) 성경이 천지창조를 기록하고 있습니다.

    기독교에서 주장하는 하나님의 천지창조는 무엇을 근거로 그렇게 확신할 수 있는 것일까요? 그렇게 수많은 기독교인들이 천지창조를 믿는다면 뭔가 증거가 있을 것이 아니겠습니까? 물론 그렇게 주장하더라도 뚜렷한 물증이 있는 것은 아닙니다. 그럼에도 진화론을 거부하고 창조론을 굳게 믿는다면 무엇 때문인지를 알아야 할 것입니다. 여러 가지 증거들을 제시할 수 있는데 물론 우선적인 증거를 성경에서 찾아야 합니다. 구약성경의 첫 책인 창세기 1장 1절은 천지창조 이야기로부터 시작됩니다.

    "태초에 하나님이 천지를 창조하시니라"(창 1:1)

    하나님은 6일 동안 천지를 만드셨습니다. 물론 6일이라는 날 수가 오늘날의 여섯 낮과 밤을 뜻하는 것은 아닐 수도 있습니다. 베드로 사도도 주께는 하루가 천 년 같고 천 년이 하루 같다는 언급을 한 적이 있으니까요. 물론 종말의 때를 말하는 것이지만, 적어도 오늘날의 엿새가 아닐 수도 있다는 점을 말하는 것입니다.

"사랑하는 자들아 주께는 하루가 천 년 같고 천 년이 하루 같 다는 이 한 가지를 잊지 말라"(벧후 3:8)

아무튼 성경은 분명히 엿새 동안 모든 것을 만드셨고, 하나님은 그 창조하신 세계를 바라보시고 심히 좋았더라 고 감탄하셨습니다. 이것은 단지 6일간 창조하신 이야기 만을 말씀하시는 것은 아니고 천지창조의 순서까지도 말 씀하신 것입니다. 첫 날에는 빛을 만드셨고, 둘째 날에는 하늘을 만드셨으며, 셋째 날에는 땅과 바다를 나누시고 풀과 채소와 열매 맺는 나무를 만드셨고, 넷째 날에는 해 와 달과 별들을 만드셨습니다. 그리고 다섯째 날에는 물 고기들과 물속 생물들, 그리고 하늘을 나는 새들을 창조 하셨고, 마지막 여섯째 날에 비로소 야생 짐승과 가축을 만드시고 그리고 마침내 아담과 하와를 창조하셨습니다. 그렇게 모든 창조를 마치시고 심히 좋아하셨다고 기록되 어 있습니다. 생물의 발생 순서를 따라 창조된 것이 기록 되어 있는 것입니다.

"하나님이 지으신 그 모든 것을 보시니 보시기에 심히 좋았더 라 저녁이 되고 아침이 되니 이는 여섯째 날이니라"(창 1:31)

하나님께서는 여섯째 날에 사람을 지으시되 '하나님의 형상'대로 지으셨다고 했습니다. '형상'이란 눈에 보이는 형태가 아니라 하나님의 특성을 사람에게 부여하심으로써 하나님과 교제할 수 있도록 만드셨다는 뜻입니다. 하나님께서 사람에게 하나님의 속성 중 일부를 주심으로써 하나님과 교제할 수 있는 존재가 되었던 것입니다. 그렇게 하신 이유 중의 하나는 사람으로 하여금 자연만물을 다스리게 하고자 하시는 뜻이 들어있습니다. 그러나 그것은 어디까지나 사람을 위해 만들어주신 만물을 사람이 다스리게 하시기 위함이지 사람을 이용하여 하나님의 동산을 유지하고자 하시는 것은 결코 아니었습니다.

"하나님이 자기 형상 곧 하나님의 형상대로 사람을 창조하시되 남자와 여자를 창조하시고"(창 1:27)

아무튼 하나님은 사람과 교제할 수 있도록 모든 준비를 마치셨습니다. 인간이 하나님의 품안에서 영원토록 행복하게 살 수 있도록 모든 조건을 갖추어 주셨습니다. 그리고 하나님과 아무 거리낌 없이 교제할 수 있도록 하나님의 형상까지 부여하셨습니다. 그렇다고 하나님께서 사람을 하나님의 뜻대로 움직이기를 원하시는 것은 결코 아니었습니다. 하나님은 로봇을 창조하신 것이 아니었고 자유의지를 가지고 스스로 하나님과 교제할 수 있는 인간으로 창조하셨던 것입니다. 그래서 성경은 사람에게는 하나님을 인지할 수 있는 능력을 주셨다고 기록하고 있는 것입니다. 그러므로 사람이 하나님을 떠나서 다른 우상을 숭배하는 것은 어디까지나 사람의 책임인 것입니다.

"이는 하나님을 알 만한 것이 그들 속에 보임이라 하나님께서 이를 그들에게 보이셨느니라"(롬 1:19)

기독교인뿐만 아니라 하나님을 외면하는 사람들에게도 온 세상을 보면서 하나님을 깨달을 수 있는 능력이 주어져 있습니다. 하나님과 하나님께서 지으신 모든 세계, 자연만물을 보면서 하나님을 깨달을 수 있게 하신 것입니다. 그래서 하나님을 부인하는 과학자나 의학자들 중에 그들의 연구 가운데 너무나도 세밀하고 신비한 법칙과 원리들이 작용하는 것을 보면서 하나님을 믿게 되는 경우도 많이 있는 것입니다. 그렇게 너무나도 정교한 생명의 법칙들을 제공하시고 사람에게 스스로 인지할 수 있는 능력을 주신 이유는 몰라서 안 믿었다느니 하는 핑계를 달지 못하게 하시기 위함이었던 것입니다. 마음을 열고 보면 하나님이 보인다는 말입니다.

> "창세로부터 그의 보이지 아니하는 것들 곧 그의 영원하신 능
> 력과 신성이 그가 만드신 만물에 분명히 보여 알려졌나니 그
> 러므로 그들이 핑계하지 못할지니라"(롬 1:20)

하나님께서 천지뿐 아니라 사람을 지으셨다는 말씀은
인간 속에 내재되어 있는 종교심, 곧 절대자를 향한 마음
에서 그 증거를 찾을 수 있습니다. 그러니까 인간에게 종
교가 있는 그 자체가 하나님의 존재와 천지창조를 믿을
수 있게 만든다는 것입니다. 기독교인들뿐 아니라 타종
교인들, 그리고 모든 인간들에게 공통적인 것이 바로 종
교심이라는 말입니다. 크고 작은 정도의 차이는 있지만
누구나 인생을 허무하게 생각할 것입니다. 자기목적이
나 성취 욕구에 사로잡혀 있을 때에는 그런 생각을 잊어
버리지만 조금이라도 마음의 틈이 생기면 허무한 생각이
드는 데 그것이 바로 종교심이고 성경은 그것을 '영원을
사모하는 마음'이라고 표현하는 것입니다.

> "하나님이 모든 것을 지으시되 때를 따라 아름답게 하셨고 또
> 사람들에게는 '영원을 사모하는 마음'을 주셨느니라 그러나 하

나님이 하시는 일의 시종을 사람으로 측량할 수 없게 하셨도다"(전 3:11)

2) 여호와 하나님께서 만드셨습니다.

천지창조에서 가장 중요한 부분은 무엇일까요? 창조된 피조 세계도 중요하지만 창조의 주체가 더욱 중요합니다. 그 주체가 천지를 창조하기 이전에는 이 세상은 어떤 상태였을까요? 한마디로 질서가 전혀 없었습니다. 질서란 흐름입니다. 어떤 것이라도 흐름이 없다면 정체되고 썩어져서 아무런 생명도 만들어낼 수 없습니다. 그런데 세상은 어둠 그 자체였습니다.

"땅이 혼돈하고 공허하며 흑암이 깊음 위에 있고 하나님의 영은 수면 위에 운행하시니라"(창 1:2)

그러나 천지창조 이전에 절대자(스스로 있는 자)가 계십니다. 절대자인 하나님께서 처음으로 질서를 세우셨습니다. 무엇을 위한 준비였습니까? 생명을 위한 준비, 더 나아가 인간창조를 위한 준비를 하신 것입니다. 하지만 그 창조자는 이름이 없었습니다. 단지 모세에게 출애굽을

명하실 때 모세가 사람들이 누구시냐고 물으면 어떻게
해야 할까를 묻자 하나님께서 대답하십니다.

"하나님이 모세에게 이르시되 나는 '스스로 있는 자'이니
라"(출 3:14)

여호와 하나님께서는 천지를 창조하신 주체가 바로 여
호와이심을 분명하게 말씀하고 계십니다. 온 세계와 우
주를 창조할 주체는 오로지 하나님밖에는 있을 수가 없
다는 말씀입니다. 이것이 굉장히 중요합니다. 왜냐하면
이 세상에서 인간을 창조하시고 구원하실 수 있는 분은
하나님밖에는 없기 때문입니다. 천지창조의 주체가 되신
하나님께서 구원의 주체자가 되시는 것입니다. 다른 모
든 종교가 섬긴다는 대상은 전혀 아무것도 할 수가 없습
니다.

"대저 여호와께서 이같이 말씀하시되 하늘을 창조하신 이 그
는 하나님이시니 그가 땅을 지으시고 그것을 만드셨으며 그것
을 견고하게 하시되 혼돈하게 창조하지 아니하시고 사람이 거
주하게 그것을 지으셨으니 나는 여호와라 나 외에 다른 이가
없느니라"(사 45:18)

다른 창조설화들이 존재하지만 창조주가 자신을 드러내신 경우는 없습니다. 하나님은 창조 이전부터 영원까지 하나님이심을 성경은 기록하고 있습니다. 성경의 창조론도 설화라고 주장할 수도 있겠지만 그 자체가 문제가 되는 것은 아닙니다. 하나님께서 무엇으로 창조주 되심을 말씀하시겠습니까? 전설이든 설화이든 그것을 문서로 남기신 것은 틀림이 없습니다.

> "산이 생기기 전, 땅과 세계도 주께서 조성하시기 전 곧 영원
> 부터 영원까지 주는 하나님이시니이다"(시 90:2)

하나님은 영이신데 어떻게 물질세계, 자연세계를 만드셨을까요? 성경은 하나님께서 '말씀'으로 창조하셨다고 했습니다. 말씀이 곧 하나님이십니다. 하나님을 우리 인간들이 완전하게 이해할 수는 없습니다. 그러나 성경은 그것을 말씀이라고 지칭하고 있습니다. 성경에서 이 말씀이라는 단어는 원어로는 '로고스'(Logos)인데, 쉽게 이해하도록 이 단어를 사용한 것입니다. 이것은 신의 섭리, 선재하는 우주의 원리 등을 말하며 그것을 하나님의 말씀으로 설명하고 있는 것입니다. 그러니까 말씀이 곧 하나님이고 하나님께서 이 말씀으로 세상을 창조하신 것입니다.

"태초에 '말씀'이 계시니라 이 말씀이 하나님과 함께 계셨으니 이 말씀은 곧 하나님이시니라"(요 1:1)

그 말씀이 만물을 만드신 것입니다. 사람은 창조주 하나님을 믿고 그 말씀을 소유해야 합니다. 하나님의 말씀이라는 것은 어떤 말이 표출되면 반드시 이루어진다는 전제조건이 있을 때 성립되는 개념입니다. 시간의 차이만 있을 뿐이지 반드시 선포하신 대로 이루어진다면 그것을 우리가 믿을 수 있게 되는 것입니다. 하나님은 영이시지만 선포하신 말씀이 반드시 물질로 성취된다고 하면 그것이 바로 하나님인 것입니다. 그래서 기독교인들은 성경말씀을 생명으로 믿고 따를 수가 있는 것입니다.

"그가 태초에 하나님과 함께 계셨고 만물이 그로 말미암아 지은 바 되었으니 지은 것이 하나도 그가 없이는 된 것이 없느니라"(요 1:2~3)

3) 자연 속에 증거들이 많이 있습니다.

과학은 창조자의 존재를 증명합니다. 이 거대한 우주가 이토록 정밀하게 움직일 수 있는 이유가 무엇 때문이겠습니까? 저절로 생길 수는 없습니다. 그렇다면 반드시 설계자가 있을 것이라는 사실을 당연히 믿을 수 있지 않겠습니까? 생명체가 우연히 발생하고 저절로 변화된다고요? 생명은 수천만 년이 지나도 우연히 발생할 수는 없습니다. 눈으로는 절대로 분별할 수 없는 미생물로부터 온 우주에 이르기까지 어떻게 그렇게 정밀한 질서를 따라 움직이겠습니까? 계획하고 만드신 분이 분명히 계십니다.

"집마다 지은 이가 있으니 만물을 지으신 이는 하나님이시라"(히 3:4)

의사들이 인체를 공부하고 연구하면서 신앙을 가지게 되는 경우가 많습니다. 왜냐하면 너무나도 정밀한 인체의 신비는 창조주를 생각하지 않고는 설명이 되지 않기 때문입니다. 창조주이신 하나님께서 지금도 살아계신다는 증거를 우리는 상처의 치유에서 발견할 수 있습니다. 인체는 원칙적으로 모든 질병에 대응하도록 만들어져 있고, 스스로 치유할 수 있도록 설계되어 있습니다. 하나님의 인체 창조의 세밀한 원리를 연구하고 그 원리를 따라 치료하는 방법을 개발하는 것이 의학입니다. 아직도 발견하지 못한 엄청난 원리들이 있어서 그것을 발견하여 신물질이나 치료제들을 만들어내는 것입니다.

자연을 보면 더욱 분명해집니다. 씨앗이 땅 속에 묻히고 나서 씨에 비해 거대한 흙을 뚫고 싹을 틔우고 자라서 나무가 되고 계절마다 꽃과 열매를 맺힐 수 있는 모습을 보면 창조주의 솜씨에 감탄이 되지 않습니까? 우리들의 자녀들을 보십시오. 어디에서 그렇게 귀엽고 사랑스럽고 신비한 생명이 태어나겠습니까? 자연의 모든 생명이 바로 하나님께로부터 비롯된 것입니다. 농사를 짓든 과수원을 운영하든 가축들을 키우든 깊이 생각해보면 하나님께서 하지 않으신 것이 없습니다. 하나님께서 모든 생명을 창조하셨습니다.

"오직 주는 여호와시라 하늘과 하늘들의 하늘과 일월 성신과 땅과 땅 위의 만물과 바다와 그 가운데 모든 것을 지으시고 다 보존하시오니 모든 천군이 주께 경배하나이다"(느 9:6)

영원하신 하나님 여호와만을 의지해야 하는 이유가 거기에 있는 것입니다. 다른 어떤 영적 존재도 여호와로부터 비롯된 것입니다. 귀신도 마귀도 원래 하나님의 피조물인 천사들이었습니다. 결코 믿음의 대상이 될 수 있는 존재가 있을 수 없습니다. 온 우주만물이 그토록 오랫동안 유지되는 비결은 바로 하나님인 것입니다. 그 어떤 자연이 숭배의 대상이 되겠습니까? 자연의 아름다움에만 감탄할 것이 아니라 그 자연을 만드시고 운행하시는 창조주 하나님을 찬양해야 할 것입니다.

> "너희는 눈을 높이 들어 누가 이 모든 것을 창조하였나 보라 주께서는 수효대로 만상을 이끌어 내시고 그들의 모든 이름을 부르시나니 그의 권세가 크고 그의 능력이 강하므로 하나도 빠짐이 없느니라"(사 40:26)

그래서 사람은 자연 속에서 살아가면서 창조세계를 깨닫고 찬양할 수 있는 것입니다. 하나님께서 창조하신 모든 만물에는 반드시 그것을 창조하신 목적이 들어있습니다. 들판에 피어있는 보잘 것 없는 풀 한 포기 속에는 하나님께서 창조하신 온 우주가 다 들어있습니다. 사람이 보기에 미세현미경이나 우주망원경이 필요한 것이지 하님께서 보시기에는 모두가 똑같은 원리를 따라 움직이는 것일 뿐입니다. 그래서 섬김의 생활을 할 때에는 작고 사소한 일에 충성해야 하는 것입니다.

"하늘이 하나님의 영광을 선포하고 궁창이 그의 손으로 하신 일을 나타내는도다"(시 19:1)

4) 과학은 창조세계를 연구합니다.

사람들이 오해하는 것 중의 하나는 성경은 비과학적이라는 생각입니다. 과학이 발달하지 않고 자연이 신비 속에 싸여있을 때에는 성경의 초자연적인 기록들로 말미암아 성경이 과학과 배치된다고 생각했습니다. 그러나 과학이 발달하면서 성경의 기록들이 허구가 아니라는 것을 오히려 증명하고 있습니다. 과학이 바로 하나님의 창조를 증명하는 것입니다. 왜냐하면 과학은 하나님의 창조세계와 그 질서를 연구하는 학문이니까요. 과학이 성경을 부정하기 위해 연구한다고 해도 결국은 과학은 하나님의 창조세계를 증명하게 되는 것입니다.

물론 성경에는 오히려 자연의 질서를 깨는 듯한 기적이나 표적의 사건들이 많은 것이 사실입니다. 하지만 그것은 하나님께서 천지를 창조하시고 질서를 부여하셨다는 반증이 되는 것입니다. 왜냐하면 하나님께서 모든 자연의 법칙들(과학)을 지배하신다는 증거이니까요. 하나님은 필요에 따라 하나님께서 창조하신 자연의 법칙을 거스르실 수도 있는 것입니다. 그것이 바로 하나님께서 창조의 주인이라는 사실을 증명한다는 말입니다. 물론 그것은 극히 예외적인 경우에 특별한 목적이 있을 때 행하신 기적들입니다.

과학이 성경을 증명하는 일은 아주 많이 있습니다. 예를 들어 지구가 우주 공간에 매달려 있다는 사실은 성경이 기록하고 있지만 과학은 나중에 그것을 발견하게 됩니다. 천동설과 지동설의 마찰은 과학이 발달하고 나니까 지동설이 증명된 경우였습니다. 땅(지구)이 공중에 그냥 떠있는 것이라는 사실을 비과학적인 눈으로 이해할 수는 없는 것입니다.

"그는 북쪽을 허공에 펴시며 땅을 아무것도 없는 곳에 매다시며"(욥 26:7)

먹을 것과 먹지 못할 것을 구분하면서 토끼가 되새김질을 하는 동물이라고 기록했습니다. 그러나 아무도 토끼가 되새김질을 한다고는 생각하지 않았습니다. 하지만 최근에 토끼도 밤 12시에서 3시 사이에 되새김질을 하는 것으로 밝혀졌습니다. 되새김질을 하는 동물은 정한 식물(食物)이어서 먹을 수 있고 굽이 갈라진 짐승도 먹을 수 있는데 토끼는 되새김질을 하지만 굽이 갈라지지 않아서 먹을 수 없다는 것입니다. 그것이 증명되지 않았을 때에는 그냥 명령이니까 순종했지만 사실을 알고부터는 자원해서 순종할 수 있게 된 것입니다.

> "토끼도 새김질은 하되 굽이 갈라지지 아니하였으므로 너희에게 부정하고"(레 11:6)

성경이 바다 속에 샘이 있음을 기록했지만 그것이 증명된 것은 최근의 일입니다. 1960년경에 바다 샘물이 발견되었고 1973년에 촬영이 되었습니다. 우리들의 상식이라는 것도 지극히 단편적이고 주관적인 경우가 아주 많을 것입니다. 과학이 발달할수록 이런 오해는 사라지고 성경이 창조를 증명한다는 사실을 깨닫게 될 것입니다.

> "네가 바다의 샘에 들어갔었느냐 깊은 물 밑으로 걸어 다녀 보았느냐"(욥 38:16)

성경의 내용이 과학으로 증명이 되는 예들은 무수하게 발견되고 있습니다. 과학의 모든 법칙들은 자연 속에 감추어져 있는 생명의 원리들 중에서 발견되는 것입니다.

하나님의 창조 이상의 과학이 있을 수가 없습니다. 다만 그것이 알려지지 않았거나 오해받고 있을 뿐입니다. 그리고 지금도 여전히 성경의 내용들이 계속 증명되고 있습니다. 하나님은 온 우주와 천지와 식물과 동물들과 사람을 창조하셨습니다. 기독교 신앙은 거기에서부터 출발하는 것입니다.

5) 창조론와 진화론을 분별해야 합니다.

기독교인들이 실제 삶의 현장에서 천지창조와 관련하여 가장 곤혹스러운 것은 모든 교육기관에서 진화론을 진리처럼 가르치고 있다는 것입니다. 시험문제도 진화론을 중심으로 출제되고 있고 TV나 영화 등에서도 진화론을 중심으로 펼쳐나가고 있습니다. 그런데 교회학교에서는 진화론은 틀린 것이고 창조론이 진리라고 가르치고 있고, 진화론은 마귀의 장난이라느니 공산주의의 뿌리라느니 하는 주장들을 펼치고 있습니다. 그것은 분명히 맞는 말이지만 자녀들에게는 어떻게 가르쳐야 하겠습니까? 사실 크리스천 부모들에게는 여기에 대한 준비가 되어 있지 못한 경우가 대부분입니다.

아주 간략하지만 진화론에 대해서 말하지 않을 수 없

습니다. 진화론의 기본은 단백질이 우연히 어떤 자극을 받아 단순한 원시적 세포 조직체로 변화되고, 이후로 발전하여 가장 복잡한 고등 세포조직체인 인간으로까지 종의 대진화가 진행되었다고 주장하는 이론입니다. 이 과정에서 자연발생, 자연도태와 적자생존이 반복되면서 고등생물로 발전하게 되었다는 것입니다. 그것은 우연과 자연의 이상 현상과 아주 특수한 조건이 딱 들어맞아 생명이 탄생되었다는 것입니다. 그런데 그런 조건에 딱 들어맞는 어떤 때가 있다고 해서 한 번에 이루어지는 것이 아니고 또 그런 우연이 수없이 반복되다가 어떤 기회에 생명이 발생하게 된다는 것입니다. 마치 자동차가 수없는 우연이 겹치면서 철광석이 철판이 되고 그 철판이 우연히 구부러지고 틈이 없이 딱 들어맞아서 유리가 붙고 엔진이 형성되었다고 하는 주장과 다를 바가 없는 것입니다.

한 마디로 진화론은 하나님의 창조를 부인하며 우주와 생명의 발생을 우연으로 돌리고 있습니다. 다윈이 1859년에 『종의 기원』을 출판한 이후에 인본주의 무신론과 연결되면서 공산주의 유물사관과 결합하였고, 자연도태와 적자생존은 히틀러에 의해 유대인 말살정책으로까지 진행되었습니다. 진화론에도 무신론적 진화론과 유신론적 진화론이 있지만 모두 하나님의 창조 혹은 능력을 축소하는 이론들입니다. 물론 부분적으로 사실일 수도 있습니다. 무조건 율법적으로 믿어야 한다는 말이 아니라 어느 쪽이든 근원적인 원리는 하나님께서 세상을 창조하시고 사람을 만드셨으며 예수님도 창조에 함께하셨다는 믿음과 십자가 죽으심과 부활과 승천과 재림까지 믿는 믿음으로 세상을 이겨야 한다는 것입니다. 기독교 신앙의 출발이 하나님의 천지창조이기 때문입니다.

물론 창조의 과학적 증거가 많이 부족하고 믿지 않는 사람들의 동의를 얻기에는 충분하지 못하지만, 우리 속에 내주하시는 성령님의 능력으로 주시는 믿음의 눈과 성경의 기록과 자연에서 찾을 수 있는 증거들을 근거로 하나님의 창조를 믿는 것입니다. 그러나 진화론은 여전히 결정적인 증거를 전혀 찾아볼 수 없고 단지 이론적 제시에 불과합니다. 창조론보다 근거가 더 희박한 것이 진화론입니다.

진화론의 가장 큰 결함은 중간 종의 화석이 전혀 없다는 것입니다. 진화론에 근거한다면 거의 모든 생물들이 진화 중에 있어야 하고, 그렇다면 종과 종의 중간형태의 다양한 화석이 무수하게 발견되어야 할 것입니다. 하지만 그런 화석은 한 번도 발견된 적이 없고, 있었다고 하더라도 거짓인 경우가 대부분이었습니다. 진화가 이루어진 종의 화석만 발견되었다는 것은 원래 그 종 자체로 창조된 것을 증명하는 것입니다.

진화론에 대해서 기독교인들이 극히 조심해야 할 것은 진화론은 어디까지나 무신론이라는 사실을 알아야 한다는 점입니다. 다양한 진화론 혹은 창조론이 연구되고 발표되고 있지만 어떤 형태이든 하나님께서 천지를 창조하신 것을 굳게 믿어야 하겠습니다. 물론 진화론이 계속 연구되고 있고 관련된 여러 증거들을 제시하고 있지만 결국 진화론은 하나님이 필요 없는 무신론일 뿐입니다.

8
예수님의 부활을 어떻게 믿습니까?

기독교 신앙과 비신앙은 부활에서 갈려집니다.
신앙인은 예수님의 부활을 믿고
비신앙인은 부활을 믿을 수가 없습니다.
하지만 기독교 안에서도 부활에 관해
견해 차이가 상당수 존재합니다.
진정한 기독교신앙이 믿는 것은
예수님의 육체의 부활과 함께
성도의 육체의 부활까지 믿는 것입니다.
예수님의 육체의 부활을 믿는다는 것은
예수께서 그리스도이심을 믿는 것입니다.
부활신앙은 천국신앙인 것입니다.

1) 예수님은 부활하셨습니다.

사람은 한 번 태어나면 반드시 죽게 되어 있습니다. 죽음이란 에덴동산에서 하와가 불순종한 후에 죄가 들어옴으로써 모든 사람이 죄인이 되었고 그 죄 때문에 죽음으로 값을 치르게 된 결과입니다. 그러므로 인간은 죄로 인하여 누구나 죽게 되어 있고, 죽으면 다시 살아날 수 없게 된 것입니다. 그렇기 때문에 인간의 죄 문제를 해결하려면 반드시 죽음을 이기는 방법을 찾아야 하는 것입니다.

"죄의 삯은 사망이요 하나님의 은사는 그리스도 예수 우리 주 안에 있는 영생이니라"(롬 6:23)

예수님께서 바로 이 죄와 죽음의 문제 때문에 세상에 오셨고, 마침내 십자가에 인간의 모든 죄를 다 짊어지시고 죽으셨다가 사흘 만에 죽음을 이기시고 부활하신 것입니다. 단순히 죽었다가 살아나신 것이 아니라 사망의 권세를 이기시고 부활하신 것입니다. 이 부활이야말로 죄를 사함 받고 구원에 이르게 만드는 핵심 열쇠입니다. 곧 예수님께서 죽음을 이기고 부활하신 것이 인간의 죄를 사해 주시고 구원에 이르게 만든다는 증거인 것입니다.

예수님께서 부활하셨다는 사실은 어떻게 세상에 알려지게 되었을까요? 예수님이 그리스도라는 위대한 신앙고백을 인류 최초로 감당했던 베드로에게 보이셨을까요? 아니면 예수님께서 가장 사랑하신 제자 요한을 통해서였을까요? 의외로 예수님은 부활하신 후에 제자들이 아닌 다른 사람들에게 처음으로 보이셨습니다. 예수님의 부활을 처음으로 목격한 사람들은 여자들이었습니다. 예수님은 왜 베드로에게 먼저 보이지 않으셨을까요? 그들은 예수님의 부활을 쉽사리 믿지 못할 것이기 때문입니다.

> "그들은 예수께서 살아나셨다는 것과 마리아에게 보이셨다는 것을 듣고도 믿지 아니하니라 그 후에 그들 중 두 사람이 걸어서 시골로 갈 때에 예수께서 다른 모양으로 그들에게 나타나시니 두 사람이 가서 남은 제자들에게 알리었으되 역시 믿지 아니하니라"(막 16:11~13)

아무튼 여인들은 예수님의 시신에 향품을 바르기 위해 예수님의 무덤으로 찾아왔다가 무덤이 비어 있는 것을 보고 놀랄 때에 천사들이 예수님의 부활을 가르쳐주었습니다. 예수님께서 이미 전부터 십자가에 못 박혀 죽게 될 것이고 사흘 후에 부활하리라고 말씀하셨던 사실을 기억하라고 한 것입니다.

> "여자들이 두려워 얼굴을 땅에 대니 두 사람이 이르되 어찌하
> 여 살아 있는 자를 죽은 자 가운데서 찾느냐 여기 계시지 않고
> 살아나셨느니라 갈릴리에 계실 때에 너희에게 어떻게 말씀하
> 셨는지를 기억하라 이르시기를 인자가 죄인의 손에 넘겨져 십
> 자가에 못 박히고 제삼일에 다시 살아나야 하리라 하셨느니라
> 한 대"(눅 24:5~7)

그리고 그들은 제자들에게 알리기 위해 길을 달려가
다가 부활하신 예수님을 만났습니다. 예수님은 갈릴리로
가라고 지시하셨습니다. 그곳에서 부활하신 예수님을 직
접 만나게 될 것이라고 하신 것입니다.

> "예수께서 그들을 만나 이르시되 평안하냐 하시거늘 여자들이
> 나아가 그 발을 붙잡고 경배하니 이에 예수께서 이르시되 무
> 서워하지 말라 가서 내 형제들에게 갈릴리로 가라 하라 거기
> 서 나를 보리라 하시니라"(마 28:9~10)

처음으로 부활하신 예수님을 만났던 여자들 중 한 명
이 바로 막달라 마리아였습니다. 예수님의 부활은 막달

라 마리아로부터 시작하여 전 인류에게 알려지게 되었던 것입니다. 막달라 마리아는 일곱 귀신이 들려 병마로 크게 고생하던 여인이었는데 예수님께서 악귀를 쫓아내시고 병도 고쳐주신 여인이었습니다. 예수님의 은혜를 크게 입은 여인이었고 있는 그대로를 믿을 사람이었기 때문에 부활하시고 나서 그녀에게 먼저 보이신 것입니다.

"예수께서 안식 후 첫날 이른 아침에 살아나신 후 전에 일곱 귀신을 쫓아내어 주신 막달라 마리아에게 먼저 보이시니"(막 16:9)

2) 예수님의 부활에는 증인들이 많습니다.

부활의 증인들은 그 여인들과 제자들만 있는 것이 아닙니다. 부활하신 예수님을 만난 증인들이 무수히 많습니다. 바울의 증언에 의하면 적어도 500명은 넘습니다. 바울 자신도 부활하신 예수님을 만났다고 이야기하는데, 그 만남은 예수님께서 이미 부활하여 하늘로 올라가신 한참 이후의 일이었습니다. 그분은 십자가 죽으심 이전의 예수님이 아니라 분명히 부활하신 이후의 예수님이었습니다. 증인이 되기에 충분한 것입니다.

"장사 지낸 바 되셨다가 성경대로 사흘 만에 다시 살아나사 게

바에게 보이시고 후에 열두 제자에게와 그 후에 오백여 형제

에게 일시에 보이셨나니 그 중에 지금까지 대다수는 살아 있

고 어떤 사람은 잠들었으며 그 후에 야고보에게 보이셨으며

그 후에 모든 사도에게와 맨 나중에 만삭되지 못하여 난 자 같

은 내게도 보이셨느니라"(고전 15:4~8)

사도 바울이 전체적으로 정리했지만, 부활하신 예수
님을 처음 본 사람들은 여인 세 사람이었습니다. 막달라
마리아를 비롯하여 다른 마리아와 예수님의 열두 제자에
속한 야고보와 요한의 어머니 살로메인데, 특히 이들은
예수님의 십자가 처형의 모든 장면을 목격한 증인들이었
고, 앞의 두 여인은 예수님의 시신이 무덤에 장사되는 장
면까지 지켜본 사람이었습니다(막 15:47). 왜냐하면 안식일
후에 예수님의 시신에 향품을 바르기 위해 예수님 계신
곳을 알아두어야 했기 때문입니다. 그러니까 이 여인들
은 예수님의 부활의 증인이면서 동시에 예수님의 십자가
고난의 목격자들이었던 것입니다.

"안식일이 지나매 막달라 마리아와 야고보의 어머니 마리아와

또 살로메가 가서 예수께 바르기 위하여 향품을 사다 두었다

가"(막 16:1)

그 후에 열한 제자가 모였을 때에 부활하신 예수님이 나타나시고 만나주셨습니다. 심지어 이때에는 주변 사람들에게 예수의 추종자들로 발각될까봐 문들을 닫고 숨어 있을 때였습니다. 그곳에 부활하신 예수님이 나타나셨습니다. 너무나도 확실한 증인들입니다. 이런 체험으로 인하여 그들은 목숨을 걸고 부활의 예수님을 전파할 수 있었던 것입니다.

"이 날 곧 안식 후 첫날 저녁 때에 제자들이 유대인들을 두려워하여 모인 곳의 문들을 닫았더니 예수께서 오사 가운데 서서 이르시되 너희에게 평강이 있을지어다"(요 20:19)

그 전에 예수님의 십자가 처형으로 인하여 실망하고 포기했던 두 제자가 엠마오로 가던 중에 부활하신 예수님께서 나타나셨습니다. 이들은 처음에는 예수님인 줄 알지 못하다가 나중에야 부활하신 예수님이라는 사실을 깨닫고는 다시 예루살렘으로 돌아가 숨어 있던 다른 제자들에게 알리기도 했습니다.

"그들과 함께 음식 잡수실 때에 떡을 가지사 축사하시고 떼어 그들에게 주시니 그들의 눈이 밝아져 그인 줄 알아보더니 예수는 그들에게 보이지 아니하시는지라"(눅 24:30~31)

그들뿐만 아니라 예수님의 무덤을 지키던 경비병들도 무덤 문이 열리고 부활하신 예수님이 무덤에서 나오는 것을 보고 혼비백산이 되었습니다. 그러나 대제사장들은 예수님의 시신을 그 제자들이 훔쳐가 버렸다고 거짓 증언을 하게 만들기도 했었습니다.

"지키던 자들이 그를 무서워하여 떨며 죽은 사람과 같이 되었더라 … 여자들이 갈 때 경비병 중 몇이 성에 들어가 모든 된 일을 대제사장들에게 알리니 그들이 장로들과 함께 모여 의논하고 군인들에게 돈을 많이 주며 이르되 너희는 말하기를 그의 제자들이 밤에 와서 우리가 잘 때에 그를 도둑질하여 갔다 하라"(마 28:4, 11~13)

그렇게 부활하신 후 제자들을 차례차례 만나시면서 40일 동안 지상에 계셨다고 했습니다. 사람들을 만나시고 천국복음을 말씀하셨습니다. 결국 예수님의 목적은 사람들로 하여금 부활하신 예수님을 믿고 죄를 사함 받고 영원한 천국에서 영생을 누리게 하시는 것이기 때문입니다. 우리들의 목적지는 결코 이 땅이 아니고 영원한 저 하늘나라인 것입니다.

> "그가 고난 받으신 후에 또한 그들에게 확실한 많은 증거로 친히 살아 계심을 나타내사 사십 일 동안 그들에게 보이시며 하나님 나라의 일을 말씀하시니라"(행 1:3)

3) 부활은 성경 약속의 성취입니다.

하지만 부활은 우연히 일어난 일이 아니라 성경에서 예언된 약속이 이루어진 것입니다. 예수님의 십자가 고난 사건과 함께 지속적으로 예언하고 있었고, 부활이 성취되지 않으면 인간구원은 전혀 불가능한 일이기 때문에 예언될 수밖에 없었고 이루어질 수밖에 없는 일이었던 것입니다. 왜 성경의 예언이 필요할까요? 예언이 없이 이루어지면 우연으로 돌릴 수도 있기 때문입니다. 시편에서는 마치 예수님의 고난과 부활을 들여다보거나 한 것처럼 노래하고 있습니다.

> "우리에게 여러 가지 심한 고난을 보이신 주께서 우리를 다

시 살리시며 땅 깊은 곳에서 다시 이끌어 올리시리이다"(시
71:20)

호세아 선지자는 예수님께서 죽으셨다가 사흘 만에 부
활하실 것까지 예언하고 있습니다. 물론 이 구절은 이스
라엘 민족의 회복을 뜻하기도 하는데, 예수님의 부활과
관련시키는 것은 성경의 모든 초점이 바로 그리스도 예
수님이시기 때문이고 그 예수님의 본질적인 승리는 바로
부활 사건이기 때문이기도 한 것입니다.

"여호와께서 이틀 후에 우리를 살리시며 셋째 날에 우리를 일
으키시리니 우리가 그의 앞에서 살리라"(호 6:2)

예수님도 부활에 관하여 공생애 마지막에 제자들에게
가르치기 시작하셨습니다. 제자들은 예수님의 권능과 능
력으로 이스라엘을 압제하던 로마를 무너뜨릴 것을 기대
하고 예상했으며 또 실제로도 백성들을 일으킬 수 있을
만큼 지명도나 인기가 하늘을 찌르고 있었습니다. 그렇
게 가장 기대치가 높을 때 예수님은 의외의 선포를 하신
것이었습니다. 십자가에서 사형당하리라는 말씀이었고
그 후에 부활하실 것이라는 말씀이었습니다. 예수님께서

이런 예언을 하지 않으셨다면 또한 제자들은 단지 우연일 뿐이었다는 오해를 했을지도 모를 것입니다.

> "인자가 많은 고난을 받고 장로들과 대제사장들과 서기관들에게 버린바 되어 죽임을 당하고 사흘 만에 살아나야 할 것을 비로소 저희에게 가르치시되"(막 8:31)

예수님은 공생애 초기에도 성전에 빗대어 자신의 육체가 부활되실 것을 미리 말씀하셨습니다. 성전을 헐라고 하시며 사흘 동안에 다시 짓겠다고 말씀하신 것입니다. 유대인들은 이것을 전혀 이해하지 못하고 46년 동안 지어진 성전을 어떻게 사흘 만에 다시 짓겠느냐고 항변하기도 했습니다. 이런 모든 일들이 이루어진 후에야 제자들도 그것이 성전건물이 아니라 예수님의 육체의 재건축, 곧 부활을 가리킨다는 사실을 믿게 되었던 것입니다.

> "예수께서 대답하여 이르시되 너희가 이 성전을 헐라 내가 사흘 동안에 일으키리라 … 그러나 예수는 성전 된 자기 육체를 가리켜 말씀하신 것이라"(요 2:19, 21)

뿐만 아니라 예수님은 물고기 뱃속의 요나에 빗대어서

자신의 부활을 미리 알려주기도 하셨습니다. 요나가 사명을 버리고 도망가다가 물고기의 먹이가 되어 사흘 동안 그 뱃속에 갇혀 있었지만 회개하고 살아난 것을 가리킵니다. 예수님의 부활은 이미 예언된 것입니다. 그것은 곧 하나님께서 인간구원을 설계하실 때 이미 예수님의 부활을 계획하셨다는 뜻입니다. 부활은 우연히 일어난 일이거나 부수적인 현상이 아니라 반드시 성취되어야만 하는 하나님의 계획인 것입니다.

"악하고 음란한 세대가 표적을 구하나 요나의 표적 밖에는 보여 줄 표적이 없느니라 하시고 그들을 떠나가시니라"(마 16:4)

4) 성도들도 반드시 부활합니다.

예수님의 부활과 함께 아주 중요한 사실은 부활하신 예수님을 믿는 성도들도 언제인가는 부활하게 된다는 것입니다. 그 부활이란 우선은 이미 사망한 성도들이 최후의 종말 때 신령한 육체로 다시 살아난다는 것을 의미하지만, 우리가 살아있을 때 마지막 종말이 온다면 우리는 죽지 않은 채로 부활에 참여하게 될 것입니다. 그러므로 부활이라는 개념은 천국에서 영원토록 영생할 수 있는 상태로 변화되는 것이라고 할 수 있습니다.

"우리가 예수께서 죽으셨다가 다시 살아나심을 믿을진대 이와 같이 예수 안에서 자는 자들도 하나님이 그와 함께 데리고 오시리라"(살전 4:14)

사실 예수님의 육체의 부활도 믿기 어려운데 성도들도 육체로 부활된다는 것을 믿기는 더 어려울지도 모릅니다. 하지만 예수님의 부활을 믿는다면 성도의 부활도 믿을 수 있어야 합니다. 기독교의 믿음은 모든 것이 확실하기 때문에 믿는 것은 아닙니다. 우리가 경험하지 못한 수많은 복음적인 현상들이 있습니다. 그런데 그 모든 사실 중에서 우리가 직접 겪은 하나님과의 관계라는 것이 있는데, 그 관계가 형성되어 있고 예수님이 그리스도이시며 하나님의 아들이라는 사실을 믿는다면 성경에 기록된 모든 사실들도 믿을 수가 있는 것입니다. 하나님께서 예수님을 다시 살리셨고 성경의 말씀으로 우리도 다시 살리겠다고 약속하셨다면 우리는 우리의 부활을 믿는 것입니다.

"하나님이 주를 다시 살리셨고 또한 그의 권능으로 우리를 다

시 살리시리라"(고전 6:14)

이는 논리적으로 아담 한 사람의 죄로 인간에게 죽음이 들어왔으나 예수님 한 분의 부활로 성도들도 부활된다는 것입니다. 아담 한 사람의 죄 때문에 죽음이 들어왔다면 또 다른 한 사람인 그리스도 예수로 말미암아 생명 곧 구원이 들어왔는데 그 구원은 바로 죽음을 생명으로 다시 살리시는 것이라는 말입니다. 다시 살리신다는 것이 바로 부활입니다. 예수님의 부활은 그리스도인의 부활의 첫출발인 것입니다.

"사망이 한 사람으로 말미암았으니 죽은 자의 부활도 한 사람으로 말미암는도다"(고전 15:21)

만약에 예수님의 부활이 없었던 일이고 따라서 성도들의 부활도 결코 일어나지 않을 것이라면 우리가 굳이 예수님을 믿을 필요가 없어지게 됩니다. 전부 헛된 일이 될 것입니다. 예수님의 부활과 함께 성도들의 부활도 너무나도 중요한 기독교의 진리인 것입니다. 부활을 믿지 못한다면 다른 모든 복음도 믿지 않는 것입니다. 그만큼 예수님과 성도들의 육체의 부활은 성도들의 생명과도 같은 것입니다.

> "만일 죽은 자가 다시 살아나는 일이 없으면 그리스도도 다시
> 살아나신 일이 없었을 터이요 그리스도께서 다시 살아나신 일
> 이 없으면 너희의 믿음도 헛되고 너희가 여전히 죄 가운데 있
> 을 것이요"(고전 15:16~17)

거꾸로 이야기해서 성도의 부활이 없을 것이라면 예수
님의 부활도 필요가 없을 것입니다. 하나님은 우리 신앙
인들의 부활을 이끄시기 위해 예수님의 부활을 이루어주
셨던 것입니다.

> "만일 죽은 자의 부활이 없으면 그리스도도 다시 살아나지 못
> 하셨으리라"(고전 15:13)

다만 우리가 알아야 할 것은 악한 자도 부활한다는 것
입니다. 성도는 영생(천국)을, 비신자는 영벌(지옥)을 받게
되는 차이가 있을 뿐입니다. 지금 우리가 가지고 있는 육
체 그대로 부활하는 것이 아니라 영적으로 신비한 부활
체로 살아나는데 한쪽은 영원토록 천국에서 복락을 누리
고 다른 한쪽은 지옥에서 영원토록 불타는 고통 속에 처

해진다는 것입니다. 기독교인의 신앙은 구원 아니면 버림이고, 천국 아니면 지옥이며, 생명의 부활 아니면 심판의 부활인 것입니다. 중간지대는 없습니다.

"선한 일을 행한 자는 생명의 부활로, 악한 일을 행한 자는 심판의 부활로 나오리라"(요 5:29)

5) 부활체는 속성이 변화되는 것입니다.

사람들이 의구심을 갖는 것 중의 하나는 부활한 후에 영생을 얻는다고 할 때 지금 우리의 몸과 생각 그대로 영원토록 살게 된다면 너무 힘든 일이 될 것 아니냐는 것입니다. 하지만 우리가 부활하면 지금의 몸과 생각이 아니라 완전히 다른 새로운 부활체가 됩니다. 그 신령한 몸은 다시 죽을 수도 없고 마치 천사들처럼 자유로운 육체로 변화되는 것입니다.

"그들은 다시 죽을 수도 없나니 이는 천사와 동등이요 부활의 자녀로서 하나님의 자녀임이라"(눅 20:36)

우리는 부활하신 예수님을 통하여 그러한 변화를 알

수 있는데, 예수님은 문이 잠긴 방안에 나타나셨습니다. 분명히 부활하신 예수님은 십자가 고난 이전의 그 예수님이 아니었습니다. 물론 그 예수님이 분명하지만 예수님의 육체는 이전의 예수님의 그것이 아니었습니다. 공간의 구애를 받지 않으셨습니다.

> "이 날 곧 안식 후 첫날 저녁 때에 제자들이 유대인들을 두려워하여 모인 곳의 문들을 닫았더니 예수께서 오사 가운데 서서 이르시되 너희에게 평강이 있을지어다"(요 20:19~20)

그러시면서 영이 아니라 분명히 육신을 가진 예수님이심을 말씀하셨습니다. 부활하신 예수님이 영이시라면 살과 뼈가 있을 수가 없습니다. 더구나 예수님은 십자가 고난을 당하셨는데 만약에 영이시라면 그런 흔적도 없는 것이 맞을 것입니다. 그리고 만약에 그렇다면 예수님의 십자가 고난도 실제로 증명할 수 없었을 것입니다. 그러나 예수님은 영이 아니라 신령한 부활체이기 때문에 모든 상처와 흔적을 그대로 만질 수 있었고 우리 죄를 위한 십자가 고난도 온전히 믿을 수 있는 것입니다.

> "내 손과 발을 보고 나인 줄 알라 또 나를 만져 보라 영은 살과

뼈가 없으되 너희 보는 바와 같이 나는 있느니라"(눅 24:39)

그래서 처음 예수님께서 나타나실 때 자리에 없었던 도마가 믿지 못하자 예수님은 십자가에 달리실 때 입은 상처까지 보여주셨습니다. 십자가에 못 박히던 손목의 상처를 보여주시고 창에 찔렸던 옆구리의 상처도 보여주셨습니다. 채찍질당하신 등의 상처 흔적도 볼 수 있었을 것입니다. 안 보고 믿는 사람은 복된 사람이지만 흔적을 확인하고 믿는 믿음도 똑같이 복된 것입니다.

"도마에게 이르시되 네 손가락을 이리 내밀어 내 손을 보고 네 손을 내밀어 내 옆구리에 넣어 보라 그리하여 믿음 없는 자가 되지 말고 믿는 자가 되라"(요 20:27)

그래도 확신하지 못하는 사람들을 위해 예수님은 음식까지 친히 잡수셨습니다. 우리가 이후에 부활하여 예수님을 만나고 우리의 상태를 경험하기 전까지는 부활하신 예수님의 상태를 정확하게 알 수는 없습니다. 하지만 우리가 부활하게 되면 지금 현재와 같은 몸은 결코 아니라는 것은 분명합니다. 그리고 그렇게 부활하게 되면 영원한 천국에서 영생을 누리기에 가장 합당한 상태가 되리라는 것도 확실합니다. 천국에서는 열두 가지 과일이 달마다 열리는데 천국백성이 되면 그 과일들도 마음대로 먹을 수 있습니다. 그렇게 변화된다는 말입니다.

> "그들이 너무 기쁘므로 아직도 믿지 못하고 놀랍게 여길 때에 이르시되 여기 무슨 먹을 것이 있느냐 하시니 이에 구운 생선 한 토막을 드리니 받으사 그 앞에서 잡수시더라"(눅 24:41~43)

성도가 부활하면 신령하게 변화된 몸과 마음을 가지고 영생을 하게 됩니다. 우리가 어떤 소망을 가지고 현실세계에서 승리할 수 있겠습니까? 앞으로 부활하여 천국시민이 될 성도들은 세상에서 다른 사람들과 똑같은 목적과 방식으로 살 수는 없습니다. 어떤 모습으로든 손해와 박해가 닥치게 되어 있습니다. 그럴 때 우리는 무엇을 붙잡고 견디며 그리스도의 영광을 드러낼 수 있겠습니까? 신령한 부활체로 영생하는 소망을 가져야 되지 않겠습니까? 하나님은 우리를 반드시 다시 살리십니다.

> "부활 때에는 장가도 아니 가고 시집도 아니 가고 하늘에 있는 천사들과 같으니라"(마 22:30)

6) 기독교는 부활의 종교입니다.

기독교는 죽은 자의 부활의 종교입니다. 예수님의 부활이 없었다면 구원도 천국도 영생도 없습니다. 대개 이 부활의 소망을 소홀히 하는 경향이 있습니다만, 예수님의 십자가 고난과 부활의 소망은 똑같이 중요합니다. 예수님의 육체의 부활과 성도의 육체의 부활을 믿는 믿음이 진정한 기독교 신앙입니다.

"예수께서 이르시되 나는 부활이요 생명이니 나를 믿는 자는 죽어도 살겠고 무릇 살아서 나를 믿는 자는 영원히 죽지 아니하리니 이것을 네가 믿느냐"(요 11:25~26)

그래서 처음에 예수님께서 부활하신 육체를 보여주신 사람들도 부활을 믿고 전파할 사람들이었던 것입니다. 기독교 성도들은 부활의 증인들입니다. 당연히 우리도 부활의 증인들이어야 합니다. 우리는 부활을 믿음으로 경험한 사람들입니다. 부활을 증언하지 못하면 온전한 성도가 아닙니다.

"모든 백성에게 하신 것이 아니요 오직 미리 택하신 증인 곧

죽은 자 가운데서 부활하신 후 그를 모시고 음식을 먹은 우리에게 하신 것이라"(행 10:41)

예수님께서 승천하신 후에 열두 사도 중에서 가룟 유다의 빈자리에 새로 사도를 세우는데 그 목적은 예수님의 부활을 증언하게 하기 위해서였습니다. 그것이 기독교입니다. 물론 다른 역할과 기능도 반드시 있을 것입니다만, 가장 핵심적이고 본질적인 목적은 부활의 증인이 되는 것입니다.

"항상 우리와 함께 다니던 사람 중에 하나를 세워 우리와 더불어 예수께서 부활하심을 증언할 사람이 되게 하여야 하리라 하거늘 그들이 두 사람을 내세우니 하나는 바사바라고도 하고 별명은 유스도라고 하는 요셉이요 하나는 맛디아라"(행 1:22~23)

성도들은 결국 그 삶의 끝에 부활되기 위하여 자신과 싸우며 믿음을 지키는 것입니다. 우리의 삶의 기준은 예수님의 삶의 기준에 참여하는 것이며 부활신앙을 지켜내는 것입니다.

"내가 그리스도와 그 부활의 권능과 그 고난에 참여함을 알고

자 하여 그의 죽으심을 본받아 어떻게 해서든지 죽은 자 가운

데서 부활에 이르려 하노니"(빌 3:10~11)

부활에 대하여 부정하거나 육체의 부활을 훼손하는 모
든 시도들은 자신뿐 아니라 다른 사람들의 진정한 믿음
마저 무너뜨릴 수 있다는 사실을 반드시 기억해야 하겠
습니다. 예수님과 성도의 부활은 참 진리입니다.

"진리에 관하여는 그들이 그릇되었도다 부활이 이미 지나갔다

함으로 어떤 사람들의 믿음을 무너뜨리느니라"(딤후 2:18)

9
예수님의 재림으로
세상에 종말이 오나요?

만약 그것이 사실이라고 하더라도
앞으로 닥칠 일을 어떻게 안다는 거죠?
물론 우리는 종말을 이론적으로 증명하거나
확실한 증거를 보여주지는 못합니다.
그렇기 때문에 수많은 이단들이 등장했습니다.
종말 사상은 기독교인들의 정체성과도 같습니다.
종말의식 없이 신앙생활 하는 사람과
조만간에 하나님 앞에 선다는 의식을 가진 사람은
근본적으로 신앙적 차이를 보일 수밖에 없습니다.
이 종말신앙을 어떻게 하면 잘 이해하도록
충분히 설명할 수 있을까요?

1) 하나님은 질서를 소중히 여기십니다.

우선 이 세계는 반드시 정리되어야 한다는 사실을 이야기하고 싶습니다. 우리의 생활 속에서도 때로 쓰레기나 정리되지 않은 비품 같은 것들이 흩어져있어 무질서하게 보일 때가 있지 않습니까? 하나님께서 이 세상을 창조하시기 전에도 세상은 혼돈과 흑암이 뒤덮고 있는 지극히 무질서한 세계였습니다.

> "태초에 하나님이 천지를 창조하시니라 땅이 혼돈하고 공허하며 흑암이 깊음 위에 있고 하나님의 영은 수면 위에 운행하시니라"(창 1:1~2)

천지창조는 다른 측면에서 말하자면 질서를 만들고 세우시는 하나님의 일이었습니다. 이런 상태에서 하나님은 빛과 어둠을 나누시고, 낮과 밤을 구분하시며, 하늘과 물을 나누시고, 바다와 육지를 구분하십니다. 그리고 하늘에는 새를, 바다에는 물고기를, 육지에는 나무와 풀과 온갖 짐승들을 만드셨습니다. 그렇게 혼돈을 정리하시고 질서를 부여하셨습니다. 낮과 밤을 구분하신 것만이 질서를 부여하신 것이 아니라 모든 식물들과 동물들이 생존하도록 만드신 것도 질서를 부여하신 일이었습니다. 그 질서의 마지막으로 하나님은 인간과 에덴동산까지 만드셨던 것입니다. 그리고 하나님은 몹시 만족하셨습니다. 하나님은 질서를 굉장히 기뻐하십니다.

"하나님이 지으신 그 모든 것을 보시니 보시기에 심히 좋았더라 저녁이 되고 아침이 되니 이는 여섯째 날이니라"(창 1:31)

하지만 그 후 아담이 죄를 짓고 에덴동산에서 쫓겨나고 세상은 점점 악하게 변하기 시작했고 하나님께서 그토록 싫어하시는 무질서의 세계가 펼쳐졌습니다. 타락한 인간들은 하나님께서 세우신 아름다운 질서를 하나하나 깨뜨리고 훼손하기 시작했던 것입니다.

"그 때에 온 땅이 하나님 앞에 부패하여 포악함이 땅에 가득한지라 하나님이 보신즉 땅이 부패하였으니 이는 땅에서 모든 혈육 있는 자의 행위가 부패함이었더라"(창 6:11~12)

하나님은 이 무질서를 두고 보실 수가 없었습니다. 그리하여 이 땅에 새로운 질서를 세우기로 하셨습니다. 그것이 대홍수와 노아의 방주였습니다. 모든 무질서와 혼돈과 죄악을 쓸어버리시고 새로운 인간을 통하여 새로운 질서의 세계를 만드셨던 것입니다. 처음에 인간을 지으시고 그들에게 부여하셨던 사명인 "땅에서 생육하고 땅에서 번성하리라"는 새로운 질서를 노아와 짐승들에게 주셨던 것입니다.

> "하나님이 노아에게 말씀하여 이르시되 너는 네 아내와 네 아들들과 네 며느리들과 함께 방주에서 나오고 너와 함께 한 모든 혈육 있는 생물 곧 새와 가축과 땅에 기는 모든 것을 다 이끌어내라 이것들이 땅에서 생육하고 땅에서 번성하리라 하시매"(창 8:15~17)

그렇게 모든 인류를 쓸어버리셨지만 자신이 창조하신 인간의 멸망을 보는 것은 즐거운 일은 결코 아니었습니다. 그래서 하나님은 홍수로 모든 생물을 쓸어버리는 일은 다시 하지 않기로 하셨습니다. 그리고 땅이 존재하는 동안에는 세워진 자연의 질서가 유지되도록 허락하셨습니다.

> "내가 다시는 사람으로 말미암아 땅을 저주하지 아니하리니 이는 사람의 마음이 계획하는 바가 어려서부터 악함이라 내가

전에 행한 것 같이 모든 생물을 다시 멸하지 아니하리니 땅이
있을 동안에는 심음과 거둠과 추위와 더위와 여름과 겨울과
낮과 밤이 쉬지 아니하리라"(창 8:21~22)

그러나 마침내 하나님께서 세워놓으셨던 질서는 또다
시 무질서와 혼돈으로 변하였고 지상에는 온갖 종류의
죄악으로 넘쳐나게 변해버렸습니다. 그리고 하나님께서
반드시 새로운 질서를 필요로 하실 순간이 다가오고 있
는 것입니다. 그것이 언제가 될지는 아무도 모르지만 우
리가 지금 지구상에서 벌어지는 모든 일들을 살펴볼 때
조만간에 하나님께서 정리하실 것이라는 짐작 정도는 할
수 있습니다. 그것은 예수님의 재림과 종말이라는 방식
으로 펼쳐질 것입니다. 그렇게 되면 완전히 새로운 질서
가 세상에 세워질 것입니다. 어둠이 없는 전혀 새로운 나
라가 주어질 것입니다.

"다시 밤이 없겠고 등불과 햇빛이 쓸 데 없으니 이는 주 하나
님이 그들에게 비치심이라 그들이 세세토록 왕 노릇 하리로
다"(계 22:5)

2) 모든 일은 반드시 소멸될 때가 있습니다.

　다른 한편으로 생각해볼 때 생성된 것은 반드시 소멸된다는 이치를 생각할 수 있습니다. 원래 하나님은 소멸하지 않고 영원할 수 있는 모습으로 지구와 생물과 사람을 만드셨지만 아담이 불순종함으로써 자유를 내어주고 죄악의 통로를 개방해버린 후로는 이 세상은 반드시 소멸되는 존재로 변해버리고 말았습니다. 생명도 마찬가지이고 자연도 마찬가지이고 우주도 마찬가지입니다. 생겨나면 반드시 소멸합니다. 수천 년의 원시림은 그대로인 것 같아도 그 속에는 엄청난 탄생과 소멸이 반복되고 있을 뿐입니다. 그것은 우리 삶의 원리와 조금도 다르지 않습니다. 그래서 지혜자 솔로몬은 허무를 노래했던 것입니다.

> "범사에 기한이 있고 천하 만사가 다 때가 있나니 날 때가 있고 죽을 때가 있으며 심을 때가 있고 심은 것을 뽑을 때가 있으며 죽일 때가 있고 치료할 때가 있으며 헐 때가 있고 세울 때가 있으며"(전 3:1~3)

　우리가 사는 지구도 마찬가지입니다. 뛰어난 우주과학자가 아니라도 지구의 종말의 시계는 멈추지 않고 더욱 빨리 진행될 뿐이라는 사실을 알고 있습니다. 지구가 언제 생겼느냐에 대해 여러 가지 설들이 있습니다만, 이 지구가 사라지지는 않을지 몰라도 인간이 생존할 수 없는 상태가 반드시 오게 되어 있습니다. 지구가 식어서 그렇게 되든 오염으로 인한 것이든 다른 우주적인 요인 때문에 그렇게 되든 아무튼 생명체가 생존할 수 없는 상태로, 다시 말하면 지구의 종말로 진행되고 있는 것만은 틀림이 없을 것입니다.

그렇게 된 근본적인 원인은 어디에 있겠습니까? 모든 것이 인간의 죄 곧 타락 때문입니다. 하나님과의 관계가 끊어졌기 때문입니다. 하나님은 인간에게 영원토록 변치 않는 생명을 주셨습니다. 그런데 그 생명을 잃어버린 결과 에덴동산에서 쫓겨나 밭을 갈아야만 생존할 수 있게 되었습니다. 그렇게 죄로 얼룩진 인간이 그 상태로 영생하는 것을 막기 위해 하나님은 생명나무를 지키게 하셨습니다. 아무튼 인간의 타락이 지구의 소멸에도 영향을 미쳐서 오늘날에는 누구라도 지구에 대한 위기의식을 가지게 된 것입니다. 지구를 다스리라고 하셨는데 다스리는 것이 아니라 훼손하고 파괴하기만 한 결과입니다.

"여호와 하나님이 에덴동산에서 그를 내보내어 그의 근원이

된 땅을 갈게 하시니라 이같이 하나님이 그 사람을 쫓아내시

고 에덴동산 동쪽에 그룹들과 두루 도는 불 칼을 두어 생명나

무의 길을 지키게 하시니라"(창 3:23~24)

그렇다면 지구의 종말이 올 것이라는 사실을 어렴풋하

게라도 인지하고 있다면, 그러면 지구의 종말은 과연 어

떤 방식으로 나타날까를 생각하지 않을 수가 없을 것입

니다. 성경은 그 때의 모습을 곳곳에서 상세하게 기록하

고 있습니다. 특히 요한계시록의 모든 내용들은 일부 가

능성 있는 이야기들도 많이 있지만 많은 부분이 도저히

우리가 상상할 수 없는 모습들로 펼쳐지고 있습니다. 물

론 이것은 종말에 대한 이야기이면서 동시에 예수님의

재림에 대한 이야기입니다.

"또 내가 새 하늘과 새 땅을 보니 처음 하늘과 처음 땅이 없어

졌고 바다도 다시 있지 않더라"(계 21:1)

사도 요한이 계시록을 기록할 때와 오늘날의 상황은

전혀 다르기 때문에 똑같이 일률적으로 적용하기에는 무

리가 있다고도 할 수 있습니다. 그리고 요한이 본 것이

이 땅에서 직접 이루어질 때에 어떤 식으로 펼쳐질지에

대해서도 해석이 분분합니다. 중요한 것은 무엇보다도 그 사실을 어떻게 믿을 수 있는가 하는 점입니다.

3) 예수님은 시작과 끝의 주인이십니다.

여기에서 예수님의 재림의 신빙성을 조금이라도 높이기 위해서 심판의 주인이 반드시 예수님이어야만 한다는 기록들을 살펴보아야 할 것 같습니다. 먼저 종말의 주체가 예수님이라는 사실에 대한 기록들을 보면 예수님은 이 세상의 처음이요 마지막이라고 지속적으로 말씀하고 계십니다. 우선 창조 이전부터 예수님께서 하나님과 함께 계셨다는 사실을 예수님이 친히 증언하고 계십니다. 예수님은 종말과 재림의 마지막 날에 하나님의 영화가 다시 성취될 것을 기대하셨습니다. 천지를 창조하실 때의 그 무한하신 능력과 인간에 대한 기대와 그 엄청난 기쁨을 다시 회복하시겠다는 말씀인 것입니다.

"아버지여 창세 전에 내가 아버지와 함께 가졌던 영화로써 지금도 아버지와 함께 나를 영화롭게 하옵소서"(요 17:5)

요한복음 1장의 기록은 사도 요한이 예수님께 대하여

증언하는 것으로 시작됩니다. 요한계시록을 기록하기 이전의 기록이므로 종말에 대한 이야기는 없습니다. 그러나 예수님에 대한 이 내용은 사도 요한이 예수님을 직접 겪고 함께 살고 십자가 처형 현장에서 자리를 지켰고 부활승천하신 것을 지켜보고 성령님의 인도를 지속적으로 받으면서 내린 결론입니다. 예수님은 하나님께서 태초에 천지를 창조하실 때 함께 하신 분이십니다.

> "그가 태초에 하나님과 함께 계셨고 만물이 그로 말미암아 지은 바 되었으니 지은 것이 하나도 그가 없이는 된 것이 없느니라"(요 1:2~3)

그리고 예수님은 자신이 처음이요 마지막이라는 말씀으로 종말의 주체가 되심을 친히 알려주셨습니다. 처음 시작하신 이가 마지막을 마무리하시는 것입니다. 사도 요한에게 나타나신 예수님께서 스스로를 소개하셨습니다. 그리고 그분은 십자가에서 죽으셨다가 다시 살아나신 분이심을 확증하셨습니다. 예수님께서 처음이요 마지막이라고 말씀하신 까닭은 그 마지막 때에 예수님께서 반드시 다시 오신다는 것을 말씀하시는 것입니다.

"서머나 교회의 사자에게 편지하라 처음이며 마지막이요 죽었다가 살아나신 이가 이르시되"(계 2:8)

"나는 알파와 오메가요 처음과 마지막이요 시작과 마침이라"(계 22:13)

그러면 예수님께서 마지막 날에 다시 오시는 목적은 무엇이겠습니까? 그것은 성도들을 다시 살리는 것입니다. 곧 부활의 주인공으로 환영하시기 위함인 것입니다. 세상의 종말과 예수님의 재림이 와도 오히려 기쁨으로 맞이할 수 있는 확실한 근거입니다. 그것이 우리 기독교인들의 가장 큰 소망입니다. 다른 어떤 고난이나 역경이 와도 이 소망을 가지고 이겨낼 수 있습니다. 이 소망을 가지고 있습니까? 이 소망이 모든 기독교인들의 힘이요 능력이요 지혜요 무한한 사랑으로 이끌어가게 되는 것입니다.

"나를 보내신 아버지께서 이끌지 아니하시면 아무도 내게 올 수 없으니 오는 그를 내가 마지막 날에 다시 살리리라"(요 6:44)

그 마침의 날이 지구의 종말과 예수님의 재림과 영원

한 천국의 삶이 시작되는 날입니다. 종말이 아니라 새롭게 출발하는 날입니다. 예수님은 시작의 주인이시지만 동시에 마침의 주인공이십니다. 그 마침의 날은 그리스도 예수의 날입니다. 그리스도 예수의 날까지 이 종말과 재림의 복음은 지속적으로 선포되고 전파될 것입니다.

> "너희 안에서 착한 일을 시작하신 이가 그리스도 예수의 날까지 이루실 줄을 우리는 확신하노라"(빌 1:6)

4) 예수님은 심판주로 다시 오십니다.

구원자 예수님, 우리의 주인이신 예수님에 대해서 우리가 결코 잊지 말아야 할 점이 있습니다. 예수님이 처음 이 땅에 오실 때에는 인간을 구원하시는 메시아로 오셨지만, 모든 질서가 파괴되는 마지막 종말의 때에는 무서운 심판의 주인으로 오신다는 사실입니다. 처음 오신 예수님은 모든 사람을 용서하기 위해 오신 사랑과 희생의 예수님이셨지만 마지막 심판주로 오시는 예수님은 아무리 작은 죄라도 용서하지 않으시는 분으로 오십니다. 말하자면 처음 오실 때에는 변호사로 오시지만 나중에 심판하러 오실 때에는 검사로 오신다는 말입니다. 그것도 조금도 인정사정없는, 오직 죄와 잘못만 따지는 그런 분이 되어서 돌아오십니다. 그 심판의 권세를 어디에서 받으셨습니까? 심판의 모든 권세는 하나님께서 주신 것입니다.

> "아버지께서 아무도 심판하지 아니하시고 심판을 다 아들에게 맡기셨으니 … 또 인자됨으로 말미암아 심판하는 권한을 주셨느니라"(요 5:22, 27)

그 때에 믿지 않는 자들에게는 어떤 상황이 기다릴까요? 영원토록 불타는 불구덩이 앞에서 차례로 던져지는 사람들을 바라보면서 잔뜩 겁에 질리고 두려움에 몸을 떨며 절망에 빠져서 거기에 던져질 차례만 기다리게 될, 곧 무자비한 심판만을 기다리게 되는 그런 상황 속에 놓일 것입니다. 기독교인이라도 이것을 생각하면서 하나님의 자녀로서 살지 못하면 어쩌면 심판을 받게 될지도 모릅니다. 하나님의 자녀로서의 삶의 증거가 있습니까?

> "오직 무서운 마음으로 심판을 기다리는 것과 대적하는 자를 태울 맹렬한 불만 있으리라"(히 10:27)

그러면 과연 이 심판의 때에는 어떤 광경이 벌어지겠습니까? 무서운 지진과 불과 고통과 비명이 난무하는 처절하고 잔혹한 광경이 펼쳐질 것입니다. 그리고 마귀의 종, 죄의 종으로 끝까지 살던 사람들은 영원토록 꺼지지 않는 지옥의 불구덩이에 던져져서 고통당하게 될 것입니다. 참혹한 전쟁터의 기절할만한 잔혹한 광경들을 상상해보십시오. 결코 비현실적인 이야기가 아닙니다. 지옥은 물론 비현실적이고 상상하기 어렵지만 인류의 역사상 벌어졌던 수많은 잔혹한 장면을 상상한다면 충분히 이해가 될 것입니다. 예수님의 심판주로서의 권세가 얼마나 무서운 것인지 우리가 크게 두려워해야 하는 것입니다.

"바다가 그 가운데에서 죽은 자들을 내주고 또 사망과 음부도 그 가운데에서 죽은 자들을 내주매 각 사람이 자기의 행위대로 심판을 받고 사망과 음부도 불못에 던져지니 이것은 둘째 사망 곧 불못이라 누구든지 생명책에 기록되지 못한 자는 불못에 던져지더라"(계 20:13~15)

그런데 더욱 고통스러운 것은 그런 장면들이 영원히 사라지지 않고 지속적으로 가해진다는 것입니다. 이 땅에서의 고통은 죽으면 끝이 나지만 지옥의 고통은 끔찍한 고통만 남고 끝이 없습니다. 성경은 그 고통을 불에 타는 고통으로 묘사하고 있습니다. 모든 고통은 지나가게 되어 있지만 마지막 심판을 통해 받는 고통은 결코 사라지지 않는 고통입니다. 몸이 꺼지지 않는 불속으로 떨어져서 영원토록 불타는 곳입니다. 그뿐이 아닙니다. 그렇게 고통 가운데 불에 타면서도 죽을 수도 없는 곳입니다. 그것이 끝까지 죄의 종으로 살아간 결과인 것입니다. 다음 장에서 더 구체적으로 지옥에 관해 살펴봅니다.

"거기에서는 구더기도 죽지 않고 불도 꺼지지 아니하느니라"(막 9:48)

5) 성도들에게는 영생과 상이 주어집니다.

마지막 종말과 예수님의 재림이 있을 때 신실한 성도들에게는 영생과 상이 주어집니다. 성경에는 재림하시는 예수님과 모든 세상을 이겨낸 성도들이 만나는 장면이 나오는데, 끝까지 믿음으로 승리한 성도들을 만나시기 위해 예수님께서 하나님의 영광스러운 모습으로 천사들과 함께 오신다고 했습니다. 생각해 보십시오. 승리한 성도들을 위해 예수님께서 빛과 같은 영광스러운 모습으로 수많은 천사들과 함께 우리를 영접하러 오십니다. 예수님의 재림은 말할 수 없는 영광으로 가득한 환영식이 될 것입니다. 그러므로 마지막 종말은 믿지 않는 자들에게는 심판이요 믿는 사람들에게는 영광스러운 시상식이 되는 것입니다.

"이제 인자가 자기 아버지의 영광으로 자기 천사들과 함께 오리니, 그때에 그가 각자에게 그들의 행한 대로 상 주실 것이라."(마 16:27)

먼저는 짐승과 죄의 종에서 벗어난 성도들로 하여금 그리스도와 더불어 왕처럼 다스리게 하십니다. 하나님의 말씀 때문에 엄청난 고통을 당했음에도 그것을 이겨낸 성도들, 그들은 우상에게 경배하지 않고 짐승의 표를 받지 않은 사람들인데, 짐승의 표란 우상을 숭배하고 난 후의 표식으로서 물건을 거래할 수 있는 권리증과도 같은 것입니다. 결국 정상적인 경제활동을 하지 못하고 먹고 사는 것 자체를 크게 위협받은 사람들이며 그것을 참고 이겨낸 데 대한 상이 있다는 말씀인 것입니다.

"또 내가 보좌들을 보니 거기에 앉은 자들이 있어 심판하는 권세를 받았더라 또 내가 보니 예수를 증언함과 하나님의 말씀 때문에 목 베임을 당한 자들의 영혼들과 또 짐승과 그의 우상에게 경배하지 아니하고 그들의 이마와 손에 그의 표를 받지 아니한 자들이 살아서 그리스도와 더불어 천 년 동안 왕 노릇 하니"(계 20:4)

그리고 마침내 이 세상에는 새로운 하나님의 질서가 세워지게 됩니다. 종말이란 혼란스러운 세상의 종말이자 새로운 세계의 시작을 뜻하는 것입니다. 그렇게 예수님과 천사들의 영접을 받고 난 후에는 영원한 천국이 펼쳐지는 것입니다. 이것이 인간을 향하신 하나님의 프로그램입니다. 예수님은 반드시 다시 오시고 심판이 가해지고 새 하늘과 새 땅이 펼쳐지게 될 것입니다.

"또 내가 새 하늘과 새 땅을 보니 처음 하늘과 처음 땅이 없어졌고 바다도 다시 있지 않더라"(계 21:1)

거기에서는 눈물도 사망도 애통도 아픔도 전부 이미 지나가 버린 상태가 됩니다. 고생이나 걱정이나 불안이나 안전에 대한 염려가 전혀 없습니다. 생존을 위협하는 그 어떤 요소도 없습니다. 그런 고통의 원인 자체가 없는 곳이라는 말입니다. 그런 곳이 상상이나 되겠습니까? 그런데 정말 문자 그대로의 천국이 우리 앞에 기다리고 있습니다.

"모든 눈물을 그 눈에서 닦아 주시니 다시는 사망이 없고 애통하는 것이나 곡하는 것이나 아픈 것이 다시 있지 아니하리니 처음 것들이 다 지나갔음이러라"(계 21:4)

이것이 혼돈과 무질서의 세계를 새롭게 하시는 하나님의 계획입니다. 천지를 창조하실 때에도 땅이 혼돈하고 공허하며 흑암이 깊음 위에 있는 상태에서 질서를 세우셨고, 마지막 종말의 때에도 하나님은 또다시 질서를 세우심으로써 만물을 새롭게 하십니다. 하나님의 말씀은 살아있고 반드시 이루어집니다. 그렇습니다. 아멘.

"보좌에 앉으신 이가 이르시되 보라 내가 만물을 새롭게 하노라 하시고 또 이르시되 이 말은 신실하고 참되니 기록하라 하시고"(계 21:5)

10
정말 지옥이 있을까요?

천국과 지옥은 기독교 신앙인들이
가장 핵심적으로 전하는 복음입니다.
물론 천국과 지옥은 다른 종교에서도
비슷하게 전파하는 내용입니다만,
근원적으로는 기독교의 천국과 지옥이
명백한 사실인 것을 알게 될 것입니다.
지옥은 죄 지은 사람들을 위한 곳이 아니라
마귀를 따라가는 사람들을 위한 곳입니다.
저승사자가 억지로 잡아가는 것이 아니라
믿지 않으면 저절로 가는 곳이라는
무서운 사실을 믿으시기 바랍니다.

1) 마귀(사탄)는 타락한 천사장입니다.

지옥과 마귀는 어떤 관계가 있을까요? 이 이야기는 하나님의 천지창조에서부터 시작됩니다. 창세기에는 뱀이 등장하는데 이 뱀은 하와를 꾀어 선악과를 따먹게 유혹했던 장본인이자 인류가 범죄하고 타락하여 에덴동산에서 쫓겨나도록 꾸밈으로써 하나님의 창조사역을 직접적으로 훼방한 악의 근원적인 존재입니다. 뱀은 거짓의 아비이며 속임수의 대가입니다. 하나님께서 금하신 선악과를 먹으면 하나님과 같이 되어 선악을 알게 될 것이라고 속인 것입니다. 오늘날 세상에서도 거짓과 속임수를 사용하는 사람은 뱀의 후예인 것입니다.

> "뱀이 여자에게 이르되 너희가 결코 죽지 아니하리라 너희가
> 그것을 먹는 날에는 너희 눈이 밝아져 하나님과 같이 되어 선
> 악을 알 줄 하나님이 아심이니라"(창 3:4~5)

원래 하나님은 단 한 가지 금지사항을 아담에게 내리셨는데 그것은 선악나무 열매를 먹으면 반드시 죽게 되리라는 말씀이었습니다. 이것은 영적 죽음 곧 하나님과의 관계의 단절을 의미하는 것입니다. 아담과 하와가 불

순종함으로써 들어온 이 죽음은 영원토록 지속되는데 예수님을 구세주로 영접하면 이 영적 죽음에서 해방되고 구원을 받는 것입니다.

"선악을 알게 하는 나무의 열매는 먹지 말라 네가 먹는 날에는 반드시 죽으리라 하시니라"(창 2:17)

성경은 이 뱀이 마귀 또는 사탄이라고 가르쳐주고 있습니다. 마귀 또는 사탄은 모든 악한 영들의 우두머리를 가리킵니다. 우리가 알고 있는 귀신들도 전부 마귀의 부하들입니다. 요한계시록에 나오는 큰 용도 같은 존재입니다.

"큰 용이 내쫓기니 옛 뱀 곧 마귀라고도 하고 사탄이라고도 하며 온 천하를 꾀는 자라"(계 12:9上)

그러면 어떻게 해서 마귀 또는 사탄이 생겨난 것일까요? 성경은 하늘에서 전쟁이 벌어짐을 설명하고 있는데 그것은 천사들의 무리와 사탄과 부하들 간의 싸움이었습니다. 하지만 아무리 사탄이 강해도 하나님을 이길 수는 없습니다. 그래서 땅으로 쫓겨 내려오게 되는 것입니다. 마귀와 귀신들은 원래 천사장과 부하 천사들이었으나 하나님을 대적함으로써 마귀와 악령으로 저주를 받은 것입니다.

> "하늘에 전쟁이 있으니 미가엘과 그의 사자들이 용으로 더불어 싸울새 용과 그의 사자들도 싸우나 이기지 못하여 다시 하늘에서 저희의 있을 곳을 얻지 못한지라"(계 12:7~8)

아무튼 이 때 마귀(사탄)와 그의 사자들 곧 부하들도 전부 함께 쫓겨나게 됩니다. 이들이 땅에 내려와서 온갖 거짓과 속임수로 사람들을 유혹하고 하나님으로부터 멀어지게 만들고 있는 것입니다.

> "큰 용이 내쫓기니 옛 뱀 곧 마귀라고도 하고 사탄이라고도 하며 온 천하를 꾀는 자라 그가 땅으로 내쫓기니 그의 사자들도 그와 함께 내쫓기니라"(계 12:9)

성경은 이렇게 타락한 마귀와 그 부하들을 '자기 처소를 떠난 천사들' 혹은 '범죄한 천사들'이라고 표현합니다. 원래 하늘에서 활동해야 하지만 하나님께 반역하여 전쟁을 일으키고 패배하여 땅으로 쫓겨 내려간 자들인 것입니다. 지옥은 바로 이런 저주받은 자들이 들어갈 곳입니다.

> "또 자기 지위를 지키지 아니하고 '자기 처소를 떠난 천사'들을
> 큰 날의 심판까지 영원한 결박으로 흑암에 가두셨으며"(유 1:6)

> "하나님이 '범죄한 천사'들을 용서하지 아니하시고 지옥에 던
> 져 어두운 구덩이에 두어 심판 때까지 지키게 하셨으며"(벧후
> 2:4)

2) 지옥은 악한 영들에게 예비된 곳입니다.

사탄(마귀)과 부하들에 대해서는 요한계시록의 말씀들을 많이 인용하는데, 묘사되고 있는 지옥이나 그 시기에 관해서 성경해석의 차이가 있을 수 있습니다. 하지만 성경의 어느 곳을 인용하든지 사탄과 그 부하들(귀신)의 유래와 특성과 그들이 최후에 영원토록 고통당해야 할 지옥에 관해서는 동일한 묘사를 보여주고 있습니다.

지옥은 원래 생전에 악한 죄를 저지른 사람들이나 하나님을 거부하는 사람들을 집어넣기 위해 하나님께서 만드신 곳이 아닙니다. 하나님께 반역하고 천사들과 전쟁을 벌인 '마귀를 가두기 위해 예비하신 곳'이었습니다. 생

각해 보십시오. 인간이 아무리 하나님께 불순종하고 관계가 단절되었다고 하더라도 어떻게 하나님께서 창조하신 인간을 집어넣을 영원한 불지옥을 만드시겠습니까? 사랑의 하나님께서 직접 창조하신 인간을 위해 지옥을 만드신다는 것은 어딘가 어색하기만 합니다. 일단 지옥은 사람이 아니라 마귀와 악령들을 영원토록 가두기 위해 만드셨습니다.

> "또 왼편에 있는 자들에게 이르시되 저주를 받은 자들아 나를 떠나 마귀와 그 사자들을 위하여 '예비된' '영원한 불'에 들어가라"(마 25:41)

그러면 지옥은 왜 영원히 고통당하는 곳이어야 하겠습니까? 하나님께서 원래 천사들인 마귀와 그 부하들을 창조하실 때에는 그들도 영생하는 존재로 만드셨기 때문에 그들을 가두어야 할 지옥도 영원히 지속되는 것입니다. 마귀를 가둘 곳을 성경은 '영원한 불', '불과 유황 못'이라고 표현하고 있습니다. 그리고 거기에서 당해야만 하는 괴로움은 세세토록 밤낮 당하는 괴로움입니다. 땅에서는 아무리 괴로워도 멈출 때가 있고 아물 때가 있지만 지옥에서는 밤낮없이 괴롭다는 것입니다. 얼마나 끔찍한 고통이겠습니까?

> "또 그들을 미혹하는 마귀가 '불과 유황 못'에 던져지니 거기는
> 그 짐승과 거짓 선지자도 있어 세세토록 밤낮 괴로움을 받으
> 리라"(계 20:10)

마귀가 가야 할 지옥은 흑암, 무저갱, 어두운 구덩
이 등의 다른 이름을 가지고 있으며, 그 마귀와 함께 그
의 부하들 곧 죄를 지은 천사, 자기 자리를 떠난 천사들
도 함께 가두게 되어 있습니다. 언제까지 가두게 되겠습
니까? 성경은 공히 심판 때까지라고 말씀하고 있습니다.
심판 때는 언제입니까? 마지막 종말과 예수님의 재림을
말합니다. 그 심판은 바로 예수님께서 내리시는 영원한
벌입니다. 그 심판은 최후의 심판입니다. 이때 천국인가
지옥인가를 결정하시며 이 심판은 이후로 결코 취소되거
나 유예되거나 늦추어지지 않습니다. 영원한 지옥이 시
작되는 것입니다.

> "또 자기 지위를 지키지 아니하고 자기 처소를 떠난 천사들을
> 큰 날의 심판까지 영원한 결박으로 흑암에 가두셨으며"(유 1:6)

"하나님이 범죄한 천사들을 용서하지 아니하시고 지옥에 던져 어두운 구덩이에 두어 심판 때까지 지키게 하셨으며"(벧후 2:4)

이 지옥을 무저갱(無底坑)으로 표현하는데, 무저갱이란 바닥이 없는 구덩이입니다. 그냥 끝없이 떨어지기만 하는 무저갱이 아니라 고통에서 절대로 벗어날 수 없는 끝없는 구덩이입니다. 들어가면 절대 나올 수 없는 무저갱이 얼마나 두려운 곳이었든지 군대귀신들이 예수님께 제발 거기에 넣지 말기를 애원했을 정도입니다. 예수님은 귀신을 무저갱에 가두실 수 있는 분입니다.

"예수께서 네 이름이 무엇이냐 물으신즉 이르되 군대라 하니 이는 많은 귀신이 들렸음이라 무저갱으로 들어가라 하지 마시기를 간구하더니"(눅 8:30~31)

3) 마귀의 추종자들도 지옥에 갑니다.

그런데 왜 마귀와 타락한 천사들이 가야 하는 지옥에 사람이 가게 됩니까? 왜냐하면 지옥에 가야 할 사람들은 마귀와 타락한 천사들을 추종하는 사람들이기 때문입니다. 하나님을 외면하고 믿지 않는 사람들은 마귀의 종이며 마귀에게 속한 자들입니다. 마귀에게 속한 자는 마귀와 같은 형벌에 처해집니다. 회개하고 돌이켜 하나님의 종으로 변화되지 않는 한 저절로 마귀를 따라갈 수밖에 없게 되어 있습니다. 예수님이 왜 이 세상에 오셔서 십자가 고난을 당해야만 하셨을까요? 바로 이 마귀의 일 곧 사람들을 거짓으로 속여서 하나님께로 돌아가지 못하게 만들고 자기 마음대로 부려먹는 이 일을 끊어내시기 위해서인 것입니다. 구원이란 그래서 죄로부터의 구원, 죽음으로부터의 구원이지만 다른 한 편으로는 마귀로부터의 구원이기도 한 것입니다.

> "죄를 짓는 자는 마귀에게 속하나니 마귀는 처음부터 범죄함이라 하나님의 아들이 나타나신 것은 마귀의 일을 멸하려 하심이라"(요일 3:8)

사람이 마귀와 함께 반역한 것도 아닌데 왜 사람에게 똑같은 형벌이 주어집니까? 마귀가 하는 것을 똑같이 따라하는 사람이기 때문입니다. 다른 관점에서 성경은 이들을 마귀의 자녀라고 표현하고 있습니다. 하나님의 자녀와 대비되는 개념인 마귀의 자녀는 마찬가지 원리로 하나님께 속하지 않은 사람을 뜻합니다. 그러니까 하나님을 외면하는 사람들이 지옥에 빠지는 이유는 마귀의 자녀들이기 때문이기도 하지만 동시에 하나님의 자녀가 아니기 때문에도 지옥으로 떨어지는 것입니다. 중간지대는 없습니다. 천국 아니면 지옥, 하나님 아니면 마귀, 구원 아니면 심판입니다.

> "이러므로 하나님의 자녀들과 마귀의 자녀들이 드러나나니 무릇 의를 행하지 아니하는 자나 또는 그 형제를 사랑하지 아니하는 자는 하나님께 속하지 아니하니라"(요일 3:10)

따라서 하나님께 속하지 않은 사람이 지옥으로 가야 하는 이유는 그 사람의 아비 곧 마귀의 욕심대로 행하기 때문입니다. 마귀의 자녀인데 하나님의 자녀처럼 행할 수 있을까요? 마귀의 종인데 하나님의 사람들처럼 의로운 삶을 살 수 있을까요? 마귀의 자녀가 어떻게 하나님께 영광을 돌릴 수가 있겠습니까? 하나님을 믿지 않는 사람은 마귀가 하는 일을 그대로 따라할 수밖에 없습니다. 혹시 착한 일을 하는 경우도 있겠으나 그렇다고 하여 하나님께 영광을 돌리는 것은 결코 아닙니다. 그 착한 일을 통하여 자기의 영광을 내세운다면 결국 하나님의 원수가 되는 것입니다.

죄는 기회가 되면 악을 범하게 되어 있습니다. 거짓은 마귀의 가장 대표적인 특성입니다. 기독교인은 어떤 경우에도 거짓에 빠지지 않도록 해야 합니다. 모함, 참소, 고발 등도 거짓에 속한 것이므로 이것을 사용하면 그는 마귀의 아들일 가능성이 클 것입니다.

"너희는 너희 아비 마귀에게서 났으니 너희 아비의 욕심대로 너희도 행하고자 하느니라 그는 처음부터 살인한 자요 진리가 그 속에 없으므로 진리에 서지 못하고 거짓을 말할 때마다 제 것으로 말하나니 이는 그가 거짓말쟁이요 거짓의 아비가 되었음이라"(요 8:44)

하지만 마귀와 귀신들이 사람을 직접 지옥에 끌고 갈 수 있는 것은 결코 아닙니다. 마귀의 종들인 사람들은 마귀가 일부러 지옥으로 끌고 가지 않아도 자기 발로 걸어가게 되어 있습니다. 마치 무빙 워크에 올라간 것처럼 저절로 끌려가게 되어 있는 것입니다. 왜 그렇겠습니까? 천국으로 가는 길 외에는 지옥으로 가는 길 밖에 없기 때문입니다. 그들에게 천국으로 들어가는 길을 개방한다고 해도 그들은 어둠의 존재들이므로 찬란한 빛으로 빛나는 천국으로 갈 수가 없습니다. 마귀와 귀신들은 믿는 사람들에게 어떤 위해도 가할 수 없습니다. 그들이 믿는 사람들을 억지로 지옥으로 끌고 갈 수 있는 것이 아닙니다. 다만 유혹하고 협박하고 속일 뿐입니다. 믿음만 가지고 있으면 두려워할 상대가 아닙니다.

"몸은 죽여도 영혼은 능히 죽이지 못하는 자들을 두려워하지 말고 오직 몸과 영혼을 능히 지옥에 멸하실 수 있는 이를 두려워하라"(마 10:28)

4) 지옥은 영원한 불의 고통입니다.

지옥의 가장 큰 특징은 거대한 흑암의 구덩이라는 것입니다. 물론 불타는 곳이기 때문에 빛이 전혀 없는 것은 아니지만, 다른 빛이 완전히 차단된 암흑의 장소인 것은 분명합니다. 하나님은 범죄한 천사들을 결코 용서하지 않으십니다. 사람은 아무리 큰 죄를 지었어도 회개하고 하나님을 믿으면 전부 용서받습니다. 하나님께서 아직까지 세상을 심판하지 않으시는 것은 이렇게 용서받을 사람들을 끝까지 기다리기 위해서이기도 한 것입니다. 그러나 마귀와 귀신은 전혀 다릅니다. 그들은 결코 회개하지 않습니다. 영원히 그런 상태로 존재할 수밖에 없습니다. 그러므로 하나님도 그들을 용서하실 수가 없고 그들은 지옥으로 던져질 수밖에 없는 것입니다. 지옥은 그래서 무시무시하고 두려워 떨 수밖에 없는 곳입니다.

"하나님이 범죄한 천사들을 용서하지 아니하시고 지옥에 던져 어두운 구덩이에 두어 심판 때까지 지키게 하셨으며"(벤후 2:4)

지옥은 불타는 곳이며, 그 불은 결코 꺼지지 않습니다. 한 마디로 지옥은 불구덩이입니다. 그 지옥의 고통이 얼마나 극심하든지 예수님은 차라리 한쪽 눈이나 손이 없는 상태가 되더라도 지옥에는 가지 말라고 하신 것입니다. 장애인으로 천국에 가는 것이 건강한 몸으로 지옥에 가는 것보다 훨씬 낫다고 말씀하시는 것입니다. 지옥에는 절대로 가지 말고 꼭 천국에 가라는 말씀인 것입니다.

"만일 네 손이 너를 범죄하게 하거든 찍어버리라 장애인으로 영생에 들어가는 것이 두 손을 가지고 지옥 곧 꺼지지 않는 불에 들어가는 것보다 나으니라"(막 9:43)

지옥의 고통은 불에 아예 녹아버리는 고통이라고 합니

다. 불에 타는 고통이란 용광로에서 철이 녹듯이 그렇게 녹는 고통이라는 것입니다. 녹아버릴 정도라면 고통의 정도를 짐작도 할 수 없을 것입니다. 인간이 당할 수 있는 고통 중에서 가장 극심한 고통이 불에 타는 고통입니다. 이것을 조금이라도 알게 된다면 지옥으로 가려고 하겠습니까? 하나님을 믿지 않을 수가 없을 것입니다.

"사람이 은이나 놋이나 쇠나 납이나 주석이나 모아서 풀무 불 속에 넣고 불을 불어 녹이는 것 같이 내가 노여움과 분으로 너희를 모아 거기에 두고 녹이리라"(겔 22:20)

더 심각한 문제는 그렇게 극심한 고통이 멈추지 않는다는 데 있습니다. 하나님께 불순종함으로써 죄가 들어오고 그 죄의 결과로서의 죽음이 인간의 숙명이 되었지만, 거꾸로 최후의 심판 이후에는 오히려 죽음은 사라져 버리게 됩니다. 죽고 싶어도 죽을 수가 없는 존재가 되어버리는 것입니다. 그것도 극심한 고통과 함께 말입니다.

"그 날에는 사람들이 죽기를 구하여도 죽지 못하고 죽고 싶으나 죽음이 그들을 피하리로다"(계 9:6)

오죽하면 구더기도 죽지 않는다고 했겠습니까? 지옥에 간 사람들이 절대 죽지 않고 영원토록 고통을 당하는 곳이라는 뜻입니다. 실제로 피조물인 구더기가 지옥에 있다고 생각하기는 어렵겠습니다만, 아무리 몸부림쳐도 죽지 못하고 영원토록 쉬지 않고 끊임없이 가해지는 극심한 고통의 장소가 바로 지옥인 것입니다.

"거기에서는 구더기도 죽지 않고 불도 꺼지지 아니하느니라"(마가복음 9:48)

우리가 상상하기는 힘들지도 모르겠지만, 영원한 불의 고통만큼의 또 다른 고통이 동반되는데 그것은 목마름의 고통입니다. 겨우 물 한 방울이라도 너무나도 간절하게 소원하게 됩니다. 성경에 나오는 한 부자는 거지 나사로에게 정말로 간절하게 간청을 하는데 그것은 불의 고통에서 벗어나게 해달라는 것이 아니라 손가락 끝에 물 한 방울이라도 찍어서 혀끝에 대게 해달라는 간청이었습니다. 우리 인간이 경험해보지 못한 고통들이 지옥에서는 기다리고 있습니다. 예수님도 십자가 고난을 통하여 인간이 당할 수 있는 모든 고통과 조롱을 몸소 겪으셨습니다. 그것은 우리가 당할 모든 고통을 대신 당하신 것입니다. 그렇기 때문에 예수님을 믿는 하나님의 자녀들에게는 그런 고통이 아니라 환희와 감격을 넘치게 주시는 것입니다.

"불러 이르되 아버지 아브라함이여 나를 긍휼히 여기사 나사로를 보내어 그 손가락 끝에 물을 찍어 내 혀를 서늘하게 하소서"(눅 16:24上)

5) 지옥에 가지 않으려면 어떻게 하죠?

이와 같이 지옥이라는 곳은 상상의 장소가 아니라 실재하는 장소입니다. 만약에 천국과 지옥이 존재하지 않는다면 우리가 이 세상에서 그렇게 바르고 참되게 살려고 할 필요가 있을까요? 인간의 무의식 속에는 천국이 자리 잡고 있는 것과 마찬가지로 지옥도 새겨져 있습니다. 천국이 유전자로 새겨있기 때문에 인간에게는 종교심이라는 것이 있습니다. 절대자 하나님과 영원한 천국을 향한 그리움 같은 것입니다. 하나님이나 혹은 다른 종교를 믿지 않는 무신론자라는 사람들도 착하게 살려는 본성을 지니고 있습니다. 거기에는 인간의 본능 가운데 있는 지옥에 대한 두려움도 포함되어 있는 것입니다.

아무튼 우리는 지옥에 가면 절대 안 됩니다. 심지어 한 쪽 눈이나 손이나 발을 끊어내더라도 지옥에는 절대로 가지 말아야 합니다. 그러면 지옥에 가지 않으려면 어떻게 해야 합니까? 대답은 이미 알고 있을 것입니다. 천국에 가는 일을 최우선적으로 삼고 어린아이처럼 믿으며 자신의 모든 것을 걸고라도 하나님만을 믿고 천국에 가기 위해 힘써야 합니다. 왜냐하면 이 세상의 삶은 잠시이고 천국에서의 삶은 영원하기 때문입니다. 마찬가지로 지옥의 고통도 영원하기 때문입니다.

> "천국은 마치 밭에 감추인 보화와 같으니 사람이 이를 발견한 후 숨겨 두고 기뻐하며 돌아가서 자기의 소유를 다 팔아 그 밭을 사느니라"(마 13:44)

　　지옥에 떨어지지 않고 천국백성이 되기 위한 1차적인 관문은 죄 사함을 받는 것입니다. 하나님을 외면하고 세상, 곧 마귀의 지배를 받으면서 자기 마음대로 살았던 죄를 회개하고 돌이키면 그 결과 죄를 사함 받게 됩니다. 죄 사함은 하나님을 떠났던 죄를 고백하고 예수 그리스도의 피 공로에 의지해서 얻을 수 있는 영적 현상입니다. 하나님을 믿은 후로도 작은 죄들에서 완전히 자유로울 수는 없으나 적어도 하나님과 원수 되었던 죄에서는 해방되는 것이기 때문에 구원이 임하여 완전히 새로운 사람이 되는 것입니다.

"그러므로 너희가 회개하고 돌이켜 너희 죄 없이 함을 받으라 이같이 하면 새롭게 되는 날이 주 앞으로부터 이를 것이요"(행 3:19)

같은 현상에 대한 다른 시각적인 표현입니다만, 죄를 회개하고 하나님께로 돌아오면 거듭난 사람으로 변합니다. 거듭난다는 말은 하나님 앞에서 죽어있었던 영이 다시 살아나는 것을 의미합니다. 에덴동산에서 쫓겨날 때 사람의 영은 죽은 상태였습니다. 하지만 우리 주 예수님께서 부활하신 이후에 우리의 영이 다시 살아난 것입니다. 육체의 부모에게서 태어나는 것은 육신의 태어남이지만 죄를 회개하고 새로운 사람이 되는 것은 영으로 다시 태어나는 것이며 그것을 거듭남이라고 부르는 것입니다. 기독교인들은 거듭난 사람들입니다. 거듭나야 지옥에 가지 않을 수 있습니다.

"그는 허물과 죄로 죽었던 너희를 살리셨도다"(엡 2:1)

거듭남은 사망의 굴레에서 벗어나는 것입니다. 과거에는 마귀의 지배를 받으면서 죄와 사망의 법 안에 가두어져 있었지만 죄를 회개함으로써 생명의 성령의 법 안에 들어가게 되면 그 죄의 굴레에서 해방되는 것입니다. 그것이 지옥에서 천국으로 가는 비결인 것입니다.

"이는 그리스도 예수 안에 있는 생명의 성령의 법이 죄와 사망의 법에서 너를 해방하였음이라"(롬 8:2)

예수님을 생명으로, 그리스도로, 하나님으로 믿어야 지옥에 가지 않습니다. 예수님을 복 주시는 분이나 심부름해 주시는 분으로만 믿어서는 안 됩니다. 예수님은 우리의 생명이십니다. 우리를 위하여 생명을 아끼지 않으시고 십자가에서 희생되신 것처럼 우리도 예수님을 그렇게 생명으로 받아들여야 하는 것입니다.

"예수께서 그리스도이심을 믿는 자마다 하나님께로부터 난 자니 또한 낳으신 이를 사랑하는 자마다 그에게서 난 자를 사랑하느니라"(요일 5:1)

성경은 예수님을 위해 끝까지 인내하여 참고 견디는

사람에게 구원을 주시는 것으로 말씀합니다. 믿기만 하면 모든 것을 주시니까 그 다음에는 우리 마음대로 살라고 예수님께서 십자가에 달리신 것이 아닙니다. 하나님의 자녀가 되었으면 하나님의 자녀로서의 삶을 살아야 합니다. 그것은 예수님의 제자가 되어 세상에서 예수님께서 하시던 일을 계속하는 것입니다. 기독교 믿음은 단지 지옥에 떨어지지 않기 위해서 믿는 것이 아니라 하나님의 뜻이 세상에 펼쳐지기를 위한 것입니다.

"또 너희가 내 이름으로 말미암아 모든 사람에게 미움을 받을 것이나 끝까지 견디는 자는 구원을 얻으리라"(마 10:22)

이 말씀들은 같은 말씀입니다. 예수님만을 생명의 주인으로 믿고 신뢰하며 살면 지옥에 가는 일은 결단코 있을 수 없습니다. 하나님의 자녀로, 예수님의 제자로 사는 것이 모든 인간에게 가장 복된 삶이라는 사실을 생각하시기 바랍니다.

11
마귀(사탄)의 존재를
어떻게 증명할 수 있나요?

정말 사탄이 이 세상을 장악하고 있나요?
물론 마귀가 눈에 보이는 것은 아닙니다.
만약에 마귀가 항상 본래 자신의 모습으로 나타난다면
마귀를 무서워할 이유가 없습니다.
그렇게 정체가 분명한 마귀에게 속을 일도 없고
예수님이 계시기에 무서워할 일도 없기 때문입니다.
마귀가 뱀이나 광명한 천사의 모습이 아니라
마귀의 본래 모습으로 아담에게 나타났다면
아담과 하와가 속았겠습니까?
보이지 않는 영의 세계에서는
분명히 마귀가 존재하고 활동하고 있습니다.

1) 세상에서도 귀신들린 사람들이 많습니다.

마귀(사탄)가 실제로 존재한다는 사실을 직접적으로 증명할 길은 없는 셈입니다. 마귀를 보거나 만난 사람은 분명히 있지만 그것을 객관화하는 일도 불가능할 것입니다. 그렇다면 어떻게 마귀의 존재를 증명할 수 있을까요? 우선 생각할 수 있는 것은 우리 삶의 현실 속에서 나타나는 귀신들의 존재를 통하여 마귀를 짐작할 수 있다는 것입니다.

교회에 다니는 사람이 아니라도 영의 세계, 귀신의 세계에 대해서는 경험하거나 들은 적이 있는 사람이 많습니다. 예를 들어 정신질환과 귀신들림은 겉으로는 아주 비슷해 보입니다. 하지만 귀신들림의 현상은 통상적인 인간의 능력을 벗어나는 경우가 많습니다. 귀신들린 사람은 보통 장정 몇 사람이 통제할 수 없을 정도의 힘을 가지고 있습니다.

"그 사람은 무덤 사이에 거처하는데 이제는 아무도 그를 쇠사슬로도 맬 수 없게 되었으니 이는 여러 번 고랑과 쇠사슬에 매였어도 쇠사슬을 끊고 고랑을 깨뜨렸음이러라 그리하여 아무도 그를 제어할 힘이 없는지라"(막 5:3~4)

이런 경험은 특히 귀신축사를 경험하는 목회자들이 흔하게 겪는 현상입니다. 세상에서는 정신병원에 감금하는 일이 많지만 교회에서는 그들에게서 귀신을 쫓아내는 것으로 치료를 대신하기도 합니다. 물론 증상이 심해서 사회적으로 문제를 많이 일으키는 사람들은 특수병동에 격리시켜야 하는 것이 맞지만, 그런 가운데에서도 귀신축사를 통하여 많은 사람이 귀신에게서 자유로워져 정상생활을 하는 것 또한 사실입니다.

우리나라가 발전하지 못했던 시절에는 길거리에서도 이런 사람들을 심심치 않게 발견할 수 있었습니다만, 시설들이 많이 생겨 그런 사람들을 대부분 수용하면서 사람이 사는 거리에서는 거의 그 모습이 사라진 것 같습니다. 하지만 성경에는 이런 일이 아주 많이 등장합니다. 하나님의 나라 이스라엘에 오히려 귀신들린 사람들이 더 많았던 것입니다. 예수님이 가시는 곳마다 귀신들린 사람들이 나타났습니다. 그리고 예수님께서는 어김없이 그들에게서 귀신을 내쫓아주셨습니다.

"저물매 사람들이 귀신 들린 자를 많이 데리고 예수께 오거늘 예수께서 말씀으로 귀신들을 쫓아내시고 병든 자들을 다 고치시니"(마 8:16)

예수님의 제자들도 귀신들린 수많은 사람들에게서 귀신을 쫓아내었습니다. 귀신은 하나님의 대적자이기 때문에 하나님의 영을 가진 제자들, 곧 기독교 신앙인들을 귀신같이 알아보는 것입니다. 신약성경 사복음서에는 귀신이라는 단어가 90회 이상 사용될 정도로 귀신들린 사람에게서 귀신을 쫓아낸 이야기가 자주 등장합니다. 예수님의 권능으로 귀신들려 고생하는 사람들을 귀신에게서 해방시켜 주었던 것입니다.

"칠십 인이 기뻐하며 돌아와 이르되 주여 주의 이름이면 귀신들도 우리에게 항복하더이다"(눅 10:17)

그리고 예수님께서 부활 승천하신 이후에는 성령님의 능력으로 사도들과 성도들을 통하여 귀신들을 쫓아낼 수 있게 하셨습니다. 성령님은 하나님의 영이시기 때문에 거듭난 그리스도인들은 성령님의 능력으로 귀신을 대적하여 쫓아낼 수 있는 것입니다. 예수님의 3대 사역 곧 선포하시고 가르치시고 치유하시는 사역 중에 귀신을 쫓아내는 일은 치유사역의 중요한 부분인 것입니다.

"많은 사람에게 붙었던 더러운 귀신들이 크게 소리를 지르며

나가고 또 많은 중풍병자와 못 걷는 사람이 나으니"(행 8:7)

2) 무속인들에게서 귀신을 발견합니다.

귀신들이 마귀(사탄)의 부하들이라는 사실은 나중에 이야기하더라도, 우선 귀신의 정체를 인정할 수 있는 또 하나의 증거는 바로 무속인(무당)들입니다. 귀신들린 사람에게서 가장 쉽게 귀신의 정체를 발견할 수 있다면, 무속인들은 정상적인 생활 가운데에서 귀신과 교류하면서 귀신의 통제를 받는다는 의미에서 더욱 더 직접적이라고 할수 있습니다. 왜냐하면 무속인들에게서 필요한 어떤 정보를 얻거나 무속인들을 통하여 문제를 해결하려는 수많은 사람들이 있기 때문입니다. 무속인들을 찾는 대부분의 사람들은 누구라도 귀신의 존재를 인정하지 않을 수 없을 것입니다.

예를 들어 무당이 작두를 탄다는 이야기를 듣거나 그 장면을 본 사람들이 많이 있습니다. 무당이 작두를 타는 이유는 무엇이겠습니까? 귀신의 능력과 힘이 그 무속인을 지배하고 있다는 사실을 알림으로써 귀신의 힘으로 그 어떤 문제이든지 다 해결할 수 있다는 사실을 과시하기 위해서가 아니겠습니까? 소위 신령한 무당이라는 증거를 보여주기 위한 것입니다. 물론 무당은 귀신을 힘입어 그렇게 하는 것입니다.

성경에도 귀신들려 신령해진 무속인을 이용하는 어떤 사람의 이야기가 기록되어 있습니다. 사도 바울이 빌립보에서 전도하기 위해 강가에 나갔다가 루디아라는 여자를 만나 그 집에서 머문 적이 있었는데(나중에 이곳이 빌립보교회가 됨), 그곳에서 귀신들려 신령하게 점을 잘 치는 여종 한 사람을 만납니다. 그 여종을 이용하여 돈벌이를 하는 주인이 있는 여자였습니다. 그런데 이 여종이 바울을 따라다니면서 바울의 영적 신분을 계속 외칩니다.

> "우리가 기도하는 곳에 가다가 점치는 귀신 들린 여종 하나를 만나니 점으로 그 주인들에게 큰 이익을 주는 자라 그가 바울과 우리를 따라와 소리 질러 이르되 이 사람들은 지극히 높은 하나님의 종으로서 구원의 길을 너희에게 전하는 자라 하며"(행 16:16~17)

바울이 계속해서 괴롭히는 이 여종에게서 귀신을 쫓아내어버립니다. 우리나라의 무당이나 서양의 영매들처럼 그렇게 귀신의 통제를 받는 사람들은 과거에나 지금이나 어느 곳에서나 존재하게 마련입니다. 결국 바울은 점치는 여종에게서 신령한 능력을 빼앗아버린 일로 그 여종의 주인으로부터 고소를 당해 감옥에 갇히게까지 되었습니다.

> "이같이 여러 날을 하는지라 바울이 심히 괴로워하여 돌이켜 그 귀신에게 이르되 예수 그리스도의 이름으로 내가 네게 명하노니 그에게서 나오라 하니 귀신이 즉시 나오니라 여종의 주인들은 자기 수익의 소망이 끊어진 것을 보고 바울과 실라를 붙잡아 장터로 관리들에게 끌어갔다가"(행 16:18~19)

바울의 경우에는 그 점치는 사람을 이용하여 먹고 사는 주인이 있었지만, 일반적으로 무속인들은 생계를 위한 일이기도 하지만 그것보다 귀신에게 붙잡혀 헤어나지 못하고 있는 경우도 참 많습니다. 어쨌거나 귀신은 분명히 여러 가지 모습으로 존재합니다. 다만 그 귀신은 사람이 죽어서 되는 조상의 혼령이 결코 아닙니다. 귀신들은 분명히 그 귀신들을 지배하는 계급이 있고 그 귀신들을 전체적으로 통제하는 우두머리가 반드시 있습니다. 그 우두머리를 우리는 마귀(사탄)라고 부르는 것입니다. 어쨌거나 모든 귀신들은 예수님을 분명하게 알아봅니다. 하나님의 아들인 예수님을 귀신들이 어떻게 알겠습니까?

예수님은 이미 천지창조 이전부터 스스로 계신 분이기 때문입니다. 예수님이 하나님과 동등한 분이라는 사실과 함께 귀신들이 죽은 사람의 혼령이 아니라는 확실한 증거가 되는 것입니다.

"더러운 귀신들도 어느 때든지 예수를 보면 그 앞에 엎드려 부르짖어 이르되 당신은 하나님의 아들이니이다 하니 예수께서 자기를 나타내지 말라고 많이 경고하시니라"(막 3:11~12)

3) 마귀는 귀신들의 왕입니다.

그러면 그 귀신들의 왕 마귀는 어떻게 증명할 수 있을까요? 물론 직접적으로 보여주거나 음성을 들려주는 식의 증거를 통한 증명은 하기 어렵습니다. 기독교 복음을 믿는 신앙의 세계에서는 얼마든지 확신할 수 있는 내용이지만, 믿음을 가지지 못한 분들에게는 가장 이성적인 대답을 들려드릴 수 있어야 하는데 특히 마귀의 존재에 관해서 이성적으로 대답할 수는 없을 것입니다. 가령 예를 들어 우리들의 마음속에 있는 사랑을 어떻게 하면 이성적으로 설명할 수 있겠습니까? 아마도 헌신적이고 희생적인 사랑의 행위를 통해서 이성적으로 증명할 수는 있을 것입니다.

그렇다면 귀신들의 왕인 마귀에 대해서는 어떻게 설명할 수 있을까요? 한 가지 이론적으로 설명이 가능한 방법은 온 우주만물 속에 깃들어 있는 법칙을 이야기할 수는 있을 것입니다. 그것은 바로 질서입니다. 모든 일들, 사물이든 생명이든 모든 존재에는 반드시 질서가 있어야 하고 그 질서에는 순서적인 또는 계급적인 위계가 반드시 존재한다는 것입니다. 귀신이 두목 없이 귀신 혼자서 자체적으로 존재할 수는 없다는 말입니다. 가정이든 회사이든 국가이든 세계이든 반드시 위계질서가 존재합니다. 귀신의 세계에서도 마찬가지로 위계와 질서가 존재합니다. 다만 인간들은 겉으로 드러나는 귀신들의 활동만을 직간접적으로 경험할 뿐입니다.

우리의 현실세계에서는 설명할 방법이 마땅치 않지만 성경 속으로 들어가 보면 마귀에 대한 다양한 기사거리를 찾을 수 있습니다. 물론, "아! 결국 또 성경으로 들어가는구나!" 할 수도 있을 것입니다. 하지만 인간역사에 있어서 현재 존재하지 않거나 확인 불가능한 어떤 것을 사실로 확인하려고 할 때에는 인간의 기록이나 물적 증거를 찾으려고 할 것입니다. 이런 차원에서 성경은 분명한 인류사의 기록 중의 일부이며 이미 수많은 연구자들에 의해 성경 속의 기록들이 사실로서 인정을 받고 있는 것은 틀림이 없을 것입니다. 그러므로 성경의 기록은 분명히 어떤 사안을 입증하는 데 충분히 사용가능한 것입니다.

성경에서 마귀(사탄)에 대한 기록은 구약에서도 여러 곳을 확인할 수 있지만 가장 분명한 표현은 예수님의 활동을 기록하고 있는 복음서에 뚜렷하게 드러나고 있습니다. 예수님은 사역을 시작하시기 직전에 일종의 시험을 받으시는데 그 시험이 마귀로부터 온 것입니다. 어떤 사람은 전부 다 상징일 뿐이라고 하지만 상징이라고 하더라도 마귀로부터 비롯된 것임에는 틀림이 없습니다. 예수님의 인류구원사역을 어떻게 해서든지 훼방하고 하나님의 일을 실패하게 만들려는 마귀의 유혹인 것입니다.

"그 때에 예수께서 성령에게 이끌리어 마귀에게 시험을 받으러 광야로 가사 … 이에 마귀가 예수를 거룩한 성으로 데려다가 성전 꼭대기에 세우고 … 이에 마귀는 예수를 떠나고 천사들이 나아와서 수종드니라"(마 4:1, 5, 11)

한편 예수님께서 마귀와 사탄을 같은 존재로 말씀하시는 장면도 나옵니다. 마귀가 자기에게 절을 하면 천하만

국과 그 영광을 주겠다고 유혹했을 때입니다. 예수님은 분명하게 "사탄아! 물러가라!"고 강하게 명하십니다. 마귀에게 사탄이라 하시면서 시험을 이기신 것입니다.

> "이에 예수께서 말씀하시되 사탄아 물러가라 기록되었으되 주 너의 하나님께 경배하고 다만 그를 섬기라 하였느니라 이에 마귀는 예수를 떠나고 천사들이 나아와서 수종드니라"(마 4:10~11)

예수님은 지옥에 관하여 설명하실 때 그곳이 바로 마귀와 그의 사자들(귀신들)을 위해 예비된 곳으로 말씀하셨습니다. 하나님께 반역을 일으켰다가 천국 천사들에게 패망하여 지상으로 쫓겨 내려간 마귀와 그 사자들(귀신들)은 그들을 위하여 준비되어 있는 지옥으로 떨어져 영원토록 불에 타는 고통 속으로 내던져질 것입니다.

> "또 왼편에 있는 자들에게 이르시되 저주를 받은 자들아 나를 떠나 마귀와 그 사자들을 위하여 예비된 영원한 불에 들어가라"(마 25:41)

아무튼 성경은 귀신의 세계에서도 분명히 계급이 있음

을 설명하고 있습니다. 동시에 하와를 꾀었던 뱀이 바로 사탄 자신이었음도 기록하고 있습니다. 마귀가 땅으로 쫓겨 갈 때에 그 사자들인 귀신들도 함께 쫓겨 내려갔던 것입니다.

"큰 용이 내쫓기니 옛 뱀 곧 마귀라고도 하고 사탄이라고도 하며 온 천하를 꾀는 자라 그가 땅으로 내쫓기니 그의 사자들도 그와 함께 내쫓기니라"(계 12:9)

예수님은 바로 이 마귀의 일을 멸하려고 오셨습니다. 그리고 귀신들도 이 사실을 알고 있었습니다. 자기들을 멸하기 위해 왜 벌써 오셨느냐는 것입니다. 아직 자기들이 멸망당할 마지막 심판의 때가 이르지 않았다고 생각했는데 왜 벌써 오셨느냐는 항변이었습니다. 아직 최후의 심판의 때가 온 것은 아니지만 예수님은 성도들을 죄에서 해방하기 위해 오셨습니다.

"죄를 짓는 자는 마귀에게 속하나니 마귀는 처음부터 범죄함이라 하나님의 아들이 나타나신 것은 마귀의 일을 멸하려 하심이라"(요일 3:8)

"이에 그들이 소리 질러 이르되 하나님의 아들이여 우리가 당신과 무슨 상관이 있나이까 때가 이르기 전에 우리를 괴롭게 하려고 여기 오셨나이까 하더니"(마 8:29)

4) 마귀는 하나님의 일을 훼방합니다.

이렇게 여러 가지 기록들을 통하여 마귀의 존재를 충분히 알 수 있을 것입니다. 물론 눈으로 보거나 만지거나 들은 직접적인 경험이 아니므로 뚜렷하게 확신하지는 못할 수도 있습니다. 그렇다면 마귀가 하는 일들, 곧 이 세상에서 펼치는 각종 악한 일들을 통하여 우리는 또 다른 간접적인 증거를 찾을 수 있습니다. 과연 마귀는 어떤 목적을 위해 어떤 방식으로 활동하고 있을까요?

우선 마귀의 목적을 살펴봅니다. 마귀의 목적을 한 마디로 정의하면 하나님의 일을 실패하게 만드는 것입니다. 그 중 가장 대표적인 예가 에덴동산에서 뱀으로 나타나 하와를 유혹하는 일에 성공한(?) 것입니다. 선악나무의 열매는 절대로 먹지 말라고 하신 그 한 가지를 범하게 만들고야 말았습니다.

"여자가 그 나무를 본즉 먹음직도 하고 보암직도 하고 지혜롭게 할 만큼 탐스럽기도 한 나무인지라 여자가 그 열매를 따먹고 자기와 함께 있는 남편에게도 주매 그도 먹은지라 이에 그들의 눈이 밝아져 자기들이 벗은 줄을 알고 무화과나무 잎을 엮어 치마로 삼았더라"(창 3:6~7)

마귀가 이렇게 속임수와 거짓으로 아담과 하와를 넘어뜨린 목적을 더 구체적으로 살펴보면 그것은 하나님과의 관계를 막아버리는 것이었습니다. 그 결과 아담은 하나님을 두려워하는 존재로 타락하고 말았습니다. 사람과 하나님은 이렇게 하여 헤어지게 되고 말았던 것입니다.

"여호와 하나님이 아담을 부르시며 그에게 이르시되 네가 어디 있느냐 이르되 내가 동산에서 하나님의 소리를 듣고 내가 벗었으므로 두려워하여 숨었나이다"(창 3:9~10)

그 후로 하나님께서 인간들에게 예수님의 십자가 희생과 믿음이라는 구원의 길을 열어놓으시자 이번에는 그 구원사역을 훼방하기 위해 안간힘을 씁니다. 하지만 하나님의 그 구원계획은 예수님의 부활로 완성되어 버립니다. 예수님을 믿기만 하면 마귀의 종노릇하던 데에서 해방되어 자유를 얻게 되고 구원에 이르게 됩니다. 마귀의 목적은 깨져버리고(여자의 후손이 뱀의 머리를 상하게 됨), 이제 마귀의 멸망은 시간문제로 바뀌어 버립니다.

하지만 마귀는 결코 포기하지 않고 이번에는 성도들까지 미혹하여 넘어지게 하는 일에 최상의 힘을 기울이게 됩니다. 사도 베드로는 이러한 마귀의 모습을 '우는 사자'라고 표현한 바 있습니다. 이것은 마귀의 또 한 가지 속성을 뜻하기도 하는데 그것은 결코 포기하지 않는다는 것입니다. 예수님의 부활로 말미암아 이미 자기들이 완전히 패망했다는 사실을 알고 있습니다. 그러므로 마귀의 끈질김은 최후의 발악이라는 사실을 알아야 합니다. 그만큼 우리는 거기에 대비할 수 있어야 하는 것입니다.

> "근신하라 깨어라 너희 대적 마귀가 우는 사자 같이 두루 다니며 삼킬 자를 찾나니"(벧전 5:8)

마귀는 그것을 위하여 올무로 사람을 종으로 만들고 하나님의 말씀을 빼앗고 서로 정죄하게 만들며 심지어 예수님의 제자까지 유혹해버립니다. 실로 수단과 방법을 가리지 않고 달려드는 것이 마귀의 정체입니다. 과거에는 직접적인 위협과 박해로 기독교인들을 멸하려고 했지만 이제는 그런 것보다는 간접적이고 상징적, 비유적인 모습으로 기독교인들의 신앙을 떨어뜨리려고 하는 것입니다. 문화나 사상, 경제나 정치 등 인간 세계의 모든 부분이 마귀가 사용하고자 하는 수단이 되는 것입니다. 그래서 현대 기독교인들에게 영적 분별력이 굉장히 필요한 것입니다.

> "길 가에 있다는 것은 말씀을 들은 자니 이에 마귀가 가서 그들이 믿어 구원을 얻지 못하게 하려고 말씀을 그 마음에서 빼앗는 것이요"(눅 8:12)

> "예수께서 대답하시되 내가 너희 열둘을 택하지 아니하였느냐 그러나 너희 중의 한 사람은 마귀니라 하시니"(요 6:70)

5) 마귀는 거짓과 함정을 총동원합니다.

이미 마귀의 특성에 대해서 살펴보았지만, 우선 마귀는 거짓의 아비라는 점이 변치 않는 사실입니다. 그는 거짓의 근원이며 출발점이며 확대재생산하는 본부입니다. 모든 거짓과 악은 전부 마귀에게서 나오는 것입니다. 인간은 누구나 자기가 불리하면 거짓을 사용하고 싶어집니다. 그때 믿음의 사람들은 하나님 앞에서 진실을 다하려고 할 것입니다. 그런 상황적인 거짓말보다 자기 이익을 위해서 또는 위기에서 벗어나기 위해서 거짓을 사용한다면 그 사람은 분명히 마귀의 자녀일 확률이 높습니다. 특별히 정치권에서 이 거짓이 난무하는 것이 보통인데, 직접 거짓을 말하거나 그 거짓을 이용하는 정치인이 있다면 그리스도인은 그런 사람은 결코 지지해서는 안 됩니다. 그것이 전형적인 마귀의 방식이기 때문입니다. 어떻게 마귀에게 속한 사람을 지지하겠습니까?

"너희는 너희 아비 마귀에게서 났으니 너희 아비의 욕심대로 너희도 행하고자 하느니라 그는 처음부터 살인한 자요 진리가 그 속에 없으므로 진리에 서지 못하고 거짓을 말할 때마다 제 것으로 말하나니 이는 그가 거짓말쟁이요 거짓의 아비가 되었음이라"(요 8:44)

이 거짓과 함께 마귀가 자주 사용하는 것은 정죄하게 만들고 비방을 일삼으며 올무에 걸어 넘어지게 하는 것입니다. 신앙이 어리거나 경험이 적은 성도들은 곧잘 여기에 현혹되기도 합니다. 분명한 것은 우리가 분별하는 근거는 어디까지나 성경말씀이라는 것입니다. 교회 안에서도 문제가 생기는 것을 보면 대개 정죄하고 비방하는 것입니다. 전부 교회 탓, 누구 탓으로 돌림으로써 더욱 분란을 부채질합니다. 그리고 그런 사람은 똑같은 행위를 반복합니다. 그것은 마귀의 유혹에 빠지는 것이거나 그 계략에 이용당하는 것입니다. 결과가 무엇입니까? 분열이고 다툼이고 깨지는 것입니다. 바로 마귀의 목적과 똑같은 것입니다.

"새로 입교한 자도 말지니 교만하여져서 마귀를 정죄하는 그 정죄에 빠질까 함이요 또한 외인에게서도 선한 증거를 얻은 자라야 할지니 비방과 마귀의 올무에 빠질까 염려하라"(딤전 3:6~7)

마귀는 사람들에게서 자유를 빼앗고 종으로 만들어 억압합니다. 마귀에게 넘어간 사람들을 억누릅니다. 귀신 들림도 바로 이런 현상 중의 하나입니다. 이렇게 영적으로 마귀의 속삭임에 걸려들어 헛된 말과 행동을 하는 경우도 있지만 그보다 훨씬 더 보편적인 현상은 전혀 귀신의 장난이 아닌 모습들입니다. 자기 욕심이나 탐욕이나 헛되 욕망이나 무조건적인 성공을 향한 의지와 같은 것들도 얼마든지 마귀의 장난에 포함될 수 있습니다. 왜냐하면 아담의 불순종으로 말미암아 들어오게 된 죄악의 일반적인 모습들이기 때문입니다. 비록 마귀가 직접적으로 지배함으로써 일으키는 귀신들림과 같은 현상은 아니지만 마귀가 지배하고 있는 그들의 생존방식을 따라가게 함으로써 하나님을 멀리하게 만드는 목적에서는 같은 것입니다.

> "하나님이 나사렛 예수에게 성령과 능력을 기름 붓듯 하셨으매 그가 두루 다니시며 선한 일을 행하시고 마귀에게 눌린 모든 사람을 고치셨으니 이는 하나님이 함께 하셨음이라"(행 10:38)

천사는 거짓이나 모략을 쓰지 못합니다. 다만 있는 그대로를 말할 뿐입니다. 물론 애초부터 마귀가 목적으로 하는 방향과는 전혀 다르기 때문에 거짓을 사용할 필요조차도 없지만, 불리하더라도 하나님의 권능을 믿고 거짓을 사용하지 않는 것이 기독교인들의 바른 모습인 것입니다.

> "천사장 미가엘이 모세의 시체에 관하여 마귀와 다투어 변론할 때에 감히 비방하는 판결을 내리지 못하고 다만 말하되 주께서 너를 꾸짖으시기를 원하노라 하였거늘"(유 1:9)

이렇게 거짓과 모략과 고소와 정죄를 행사하는 마귀지만 하나님의 자녀가 대적하면 그는 반드시 물러갑니다. 마귀는 대적해야 할 존재입니다. 어떻게 그 사실을 믿을 수 있습니까? 예수님께서 십자가에서 죽으셨다가 마귀의 권세인 죽음을 이기시고 부활하심으로써 완전하게 승리하신 하나님을 의지하는 것이기 때문입니다. 마귀는 위협과 거짓을 사용할 뿐이고 직접적으로 기독교인들을 상하게 하거나 해치지 못하는 것입니다.

"그런즉 너희는 하나님께 복종할지어다 마귀를 대적하라 그리하면 너희를 피하리라"(약 4:7)

12
이단들도 많은데,
어떻게 구별하죠?

왜 기독교는 이단들에 대해 단호할까요?
사람들이 생각하듯이 타종교와는 다릅니다.
타종교는 나름대로 교리를 전파하지만
이단은 기독교 진리를 훼손하려고 합니다.
하나님의 자녀들을 거짓으로 타락시켜
저들의 제물로 삼으려고 합니다.
이단들은 비신자들을 전도하지 않고
교회에 다니는 사람들을 대상으로 합니다.
기존 정통기독교에 막대한 피해를 입힙니다.
또한 사회적인 물의도 많이 일으킵니다.
이단들과는 결코 접촉하지 말아야 합니다.

1) 이단은 왜 생겼습니까?

기독교 이단은 오늘날에만 기승을 부린 것이 아닙니다. 이단은 초대교회 때부터 극성을 부렸는데, 만약에 그 당시에 이단들에게 잘 대처하지 못하고 진리가 훼손되었다면 오늘날의 기독교는 존재하지 못했을 것입니다. 사도 바울과 같은 사람들이 이단들의 교묘한 교리들을 훼파하는 편지를 통하여 정통 기독교 복음이 세워지게 만들었던 것입니다. 이단이 생기는 중요한 이유 중의 하나는 이단은 다른 목적을 위해 성경을 해석하다가 생긴다는 것입니다. 오늘날에도 혼자서 성경을 깊게 연구하다가 이단과 유사한 오류를 범하는 사람들이 많이 있습니다.

> "그 중에 알기 어려운 것이 더러 있으니 무식한 자들과 굳세지 못한 자들이 다른 성경과 같이 그것도 억지로 풀다가 스스로 멸망에 이르느니라"(벧후 3:16)

어떤 이유에서 이단이 되었든지 간에 이단에 빠지면 자기 욕심에 끌려서 온갖 거짓으로 유혹하고 속임으로써 자기들의 배만 채우는 모습을 보입니다. 오늘날의 이단들의 모습과 똑같지 않습니까? 겉으로는 자기들이 진짜 예수님을 섬긴다고 하지만 사실은 자기들의 욕심만을 따라 행하면서 참된 복음 같은 것은 생각하지 않습니다. 오히려 교회를 넘어뜨리기 위해 심지어 속임수로 교회에 침투하여 성도들을 흩어버리기까지 하는 것입니다. 정통 교회에서는 결코 그런 일이 일어나지 않습니다. 하나님의 나라를 훼방하는 것이 저들의 목표입니다.

"이 같은 자들은 우리 주 그리스도를 섬기지 아니하고 다만 자기들의 배만 섬기나니 교활한 말과 아첨하는 말로 순진한 자들의 마음을 미혹하느니라"(롬 16:18)

이단들은 교묘하게 예수님을 부인하는 자들로서 성도들의 구원을 훼방하고 있습니다. 그래서 목회자이든 성도이든 그 사람이 하나님께 속했는가를 분별할 수 있어야 하는 것입니다. 물론 영적인 분별력이 필요할 때도 있지만 우리는 그들의 활동방식을 보면 확실하게 알 수 있습니다. 아무리 그럴듯해 보여도 행동하는 내용 중에 다 나오게 되어있습니다.

"사랑하는 자들아 영을 다 믿지 말고 오직 영들이 하나님께 속하였나 분별하라 많은 거짓 선지자가 세상에 나왔음이라 …

예수를 시인하지 아니하는 영마다 하나님께 속한 것이 아니니 이것이 곧 적그리스도의 영이니라 오리라 한 말을 너희가 들었거니와 지금 벌써 세상에 있느니라"(요일 4:1, 3)

당연한 말이지만 이단의 배후에는 마귀가 있습니다. 마귀의 일은 그리스도의 일을 훼방하는 것입니다. 그리고 이단들은 마귀의 행동방식을 그대로 따라가고 있습니다. 거짓으로 기독교인들을 속이고 꾀어서 구원을 훼방합니다. 예수님의 십자가 사역을 훼방하는 것이 그들의 목적이고 더 근원적으로는 온 세상을 자기들의 종으로 만들어버리는 것입니다. 에덴동산에서부터 아담과 하와를 유혹하던 방식 그대로 성도들을 유혹하는 것입니다. 이단들은 마귀의 사자들입니다.

"큰 용이 내쫓기니 옛 뱀 곧 마귀라고도 하고 사탄이라고도 하며 온 천하를 꾀는 자라 그가 땅으로 내쫓기니 그의 사자들도 그와 함께 내쫓기니라"(계 12:9)

거짓 선지자, 거짓 지도자는 각종 표적으로 미혹하는 일을 주로 하고 있습니다. 표적을 무조건 믿지 마십시오. 사람은 기적적인 일을 보면 거기에 확 쏠리는 경향이 있고 또 그런 이적들을 보면 진짜 하나님으로 오해하기 쉽지만, 병이 낫거나 놀라운 응답이 있다고 해서 다 올바른 것은 아닙니다. 귀신들도 표적을 보여줄 수 있습니다. 그런 표적들은 오히려 더 큰 축복인 것 같고 일확천금과 같은 결과를 만들어내는 것 같아도 하나님은 오히려 그렇게 일하시는 경우가 별로 없습니다. 왜냐하면 하나님은 성도가 먼저 준비되기를 기다리시기 때문입니다. 변화되지 못한 성도들에게 그런 큰 표적은 오히려 하나님을 떠나게 만들기 쉽습니다. 하나님의 목적은 일이 아니라 사람입니다.

> "짐승이 잡히고 그 앞에서 표적을 행하던 거짓 선지자도 함께 잡혔으니 이는 짐승의 표를 받고 그의 우상에게 경배하던 자들을 표적으로 미혹하던 자라 이 둘이 산 채로 유황불 붙는 못에 던져지고"(계 19:20)

거짓 선지자들과 추종자들이 갈 곳은 지옥 밖에 없습니다. 마땅히 영벌에 처해집니다. 이 추종자들 속에 하나님을 외면하는 사람들이 들어있다는 생각을 해야 합니다. 이단에 속하여 그들의 뒤를 따라다니는 사람은 당연히 마귀들의 무리와 함께 불과 유황 못에 던져질 것입니다.

"또 그들을 미혹하는 마귀가 불과 유황 못에 던져지니 거기는
그 짐승과 거짓 선지자도 있어 세세토록 밤낮 괴로움을 받으
리라"(계 20:10)

2) 이단은 복음을 변질시킵니다.

기독교 이단들은 하나님을 대적하고 아담을 유혹하여
세상에 죄를 들어오게 한 뱀(사탄)의 종들이기 때문에 그
들의 목적은 바른 구원을 훼방하려는 데 있습니다. 그래
서 복음의 일부분을 훼손하고 변질시키려고 끊임없이 시
도합니다. 성경 말씀은 손에 잡듯이 명확하기만 한 것이
아니라 의도적으로 비뚤어지게 근거를 대고 주장해도 그
럴 듯하게 보일 수도 있습니다. 물론 교회에서 바른 분별
력을 길러주고 복음을 생명으로 여기고 살도록 훈련한다
면 이단의 위험성은 줄어들지만 그렇게 하지 못한 부분
이 분명히 있습니다. 성도들을 영적이든 삶으로든 건강
한 제자들로 반드시 성장시켜야 하는 이유입니다.

"다른 복음은 없나니 다만 어떤 사람들이 너희를 교란하여 그
리스도의 복음을 변하게 하려 함이라"(갈 1:7)

어떤 식으로든지 변질된 복음을 받아들이거나 사람들에게 전하면 반드시 저주를 받게 되어 있습니다. 그런데 정통 기독교 안에서도 부분적으로 비뚤어지거나 어느 한 부분만을 지나치게 강조하는 다소 위험한 가르침을 줄 수 있습니다. 어느 경우이든 성도들을 예수님의 복음으로부터 멀어지게 만드는 사람은 저주를 받는다는 사실을 잊지 말아야 하겠습니다.

> "우리가 전에 말하였거니와 내가 지금 다시 말하노니 만일 누구든지 너희가 받은 것 외에 다른 복음을 전하면 저주를 받을지어다"(갈 1:9)

그런데 성도들은 여기에 대한 경각심이 부족하여 일부 인정하거나 방관하는 경우가 많습니다. 인격적으로 대하는 것과 진리로 대하는 것은 분명히 다르다는 것을 알아야 합니다. 교회 안에서도 다른 가르침이나 이상 행동을 보이는 경우에는 분명한 경각심을 가지고 분별하여 단호한 태도를 보일 수 있어야 할 것입니다. 성경은 진리와 오류를 분별하는 가장 확실한 기준입니다. 신학이 왜 필요하고 교리가 무엇 때문에 세워졌겠습니까? 비록 신학이 다양하여 부분적으로 다른 주장을 할 때도 있겠지만 이단에 대한 시비가 있을 때에는 그런 신학적인 분별을 따라가는 것이 가장 안전할 것입니다. 교리적으로 정통 신앙이라는 확증을 얻지 못하면 절대로 따라가지 말아야 하겠습니다.

> "만일 누가 가서 우리가 전파하지 아니한 다른 예수를 전파하거나 혹은 너희가 받지 아니한 다른 영을 받게 하거나 혹은 너희가 받지 아니한 다른 복음을 받게 할 때에는 너희가 잘 용납하는구나"(고후 11:4)

그러면 이단들은 주로 어떤 것으로 우리를 속이려고 하겠습니까? 가장 핵심적인 복음인 그리스도의 육체로 오심을 부인하거나 하나님이심을 부인하거나 다시 오심에 대해 왜곡함으로써 성도를 넘어뜨립니다. 성경말씀 중에서 교묘하게 비틀어서 진리를 부인하게 만드는데 핵심은 예수님의 속성에 대한 속임수입니다. 특히 요한계시록을 비롯한 계시문서를 왜곡하여 그럴 듯하게 바꾸어 이미 그리스도가 어디에 재림했다고 주장하는 사람이 있다면 더 이상 들을 필요도 없이 확실한 이단입니다.

> "이르시되 미혹을 받지 않도록 주의하라 많은 사람이 내 이름

으로 와서 이르되 내가 그라 하며 때가 가까이 왔다 하겠으나

그들을 따르지 말라"(눅 21:8)

이런 변질된 복음을 퍼뜨림으로써 성도 중에서도 거짓 선지자, 거짓 선생들이 일어났던 것입니다. 이렇게 복음을 변질시키는 목적은 마귀가 악한 영들과 함께 성도들 중에서도 미혹하여 멸망으로 함께 끌고 가기 위해서입니다. 대개 어떤 사람들이 이렇게 주장합니까? 지도자, 목사, 선지자라고 하는 사람들입니다. 일반 성도가 이런 주장을 하지는 않습니다. 이단들의 주장에는 아예 귀를 기울일 필요가 전혀 없습니다.

"그러나 백성 가운데 또한 거짓 선지자들이 일어났었나니 이와 같이 너희 중에도 거짓 선생들이 있으리라 그들은 멸망하게 할 이단을 가만히 끌어들여 자기들을 사신 주를 부인하고 임박한 멸망을 스스로 취하는 자들이라"(벧후 2:1)

3) 이단에는 교묘한 함정이 있습니다.

이단들이 기승을 부릴 수 있는 이유는 저들의 교리가 아주 교묘하게 속임수로 위장되어 있기 때문입니다. 함

정의 첫 번째 시도는 마음에 갈등과 혼란을 주는 것입니다. 기독교인들이 진리라고 믿고 있는 내용들에 대해서 교묘하게 비틀어 그게 아닐 수도 있다는 식으로 공격하는 것입니다. 이미 에덴동산에서 하와를 유혹할 때 써먹던 수법입니다. 속지 말아야 합니다.

> "들은즉 우리 가운데서 어떤 사람들이 우리의 지시도 없이 나가서 말로 너희를 괴롭게 하고 마음을 혼란하게 한다 하기로"(행 15:24)

성도들을 교란하여 진리의 복음 대신 변질된 복음을 받아들이고 믿게 만드는 것입니다. 사실 일반 성도들뿐 아니라 목회자들도 여기에 속아 넘어가는 사람들이 자주 보입니다. 애초에 그릇된 신앙을 가지고 있었기 때문이고, 또 여러 가지 상황상 속아 넘어가는 경우도 있습니다. 또는 심히 어려울 때 도움을 주고 관계를 확대시키는 경우도 있습니다.

> "다른 복음은 없나니 다만 어떤 사람들이 너희를 교란하여 그리스도의 복음을 변하게 하려 함이라"(갈 1:7)

때로는 사람의 전통과 세상의 학문마저도 속임수의 수단으로 사용합니다. 겉으로는 그리스도를 따르는 것 같지만 사실은 그리스도가 아니라 저들의 사설을 따르게 만드는 것입니다. 이단은 아니지만 구원의 본질을 훼손함으로써 살아있는 신앙을 흔드는 경우도 빈번합니다. 그럴 경우에는 실질적으로는 이단과 같은 역할을 하게 되는 것입니다.

> "누가 철학과 헛된 속임수로 너희를 사로잡을까 주의하라 이것은 사람의 전통과 세상의 초등학문을 따름이요 그리스도를 따름이 아니니라"(골 2:8)

원래 이단은 초대교회 때부터 있어 왔는데, 오늘날에도 형태는 다를지 몰라도 모든 이단들은 초대교회의 이단들로부터 비롯된 것들입니다. 예수님의 신성과 인성을 부인하는 교묘한 시도들이 초대교회부터 있어왔습니다. 지금도 예수님의 부활에 대한 확신을 흔든다든가 성령님의 능력을 제한하는 듯한 주장들이 버젓이 교회에서 들리기도 합니다. 정도의 차이는 있고 잘 분별해야 하겠지만 이들은 전부 성도들을 지옥으로 끌고 들어가는 적그리스도들입니다.

"미혹하는 자가 세상에 많이 나왔나니 이는 예수 그리스도께

서 육체로 오심을 부인하는 자라 이런 자가 미혹하는 자요 적

그리스도니"(요이 1:7)

　때로는 병 고침이나 기적 등의 표적을 통해서도 거짓 진리를 주입시키려고 합니다. 대표적인 이단의 교주들이 그냥 말이나 교리만으로 큰 세력을 만든 것이 아닙니다. 이단은 마귀의 종노릇을 하는 자들이기 때문에 그만큼 마귀가 크게 기승을 부리는 자들에게서 큰 세력이 만들어지는 것입니다. 그러므로 큰 표적과 기적이 강하게 일어나는 곳이라면 오히려 더욱 더 경계하여 이단과 같은 속임수에 빠지지 않도록 해야 하는 것입니다.

"거짓 그리스도들과 거짓 선지자들이 일어나 큰 표적과 기사

를 보여 할 수만 있으면 택하신 자들도 미혹하리라"(마 24:24)

　더 나아가서 오늘날은 자기가 재림 예수이며 성령이며 구원자라고 하여 많은 사람들을 미혹하여 끌고 가는 시대입니다. 지금 우리나라에는 재림 예수가 수십 명이라고 합니다. 어떤 이단은 교주의 이름으로 기도를 마치기도 하고 또 다른 교단은 교주가 영생할 것이라고 속이는

경우도 있습니다. 하나님을 어머니라고 부르는 이단도 있는데 거기에 속한 사람들은 그것을 진리라고 믿고 있습니다. 마귀의 속임수는 정말 경계해야 할 것입니다.

"많은 사람이 내 이름으로 와서 이르되 내가 그라 하여 많은 사람을 미혹하리라"(막 13:6)

4) 이단에는 일정한 특징이 있습니다.

앞에 이야기한 대로 이단의 배후에는 마귀가 있기 때문에 모든 이단들의 목적은 동일합니다. 그러다 보니까 이단들에는 어떤 공통적인 특징들이 있습니다. 모두 똑같은 것은 아니지만 특징들 중 한두 가지 혹은 전부를 나타내 보입니다. 성경에는 말세에 적그리스도가 펼치는 다양한 모습들이 잘 나타나고 있는데, 대개는 그리스도와 관련된 말씀들을 중심으로 나타나게 되어 있습니다. 그들은 예수님을 시인하지 않습니다. 물론 겉으로는 시인하는 척하지만 중심으로 들어가 보면 그들의 본색을 드러내게 되어 있습니다.

"예수를 시인하지 아니하는 영마다 하나님께 속한 것이 아니

니 이것이 곧 적그리스도의 영이니라 오리라 한 말을 너희가
들었거니와 지금 벌써 세상에 있느니라"(요일 4:3)

이단들은 그리스도의 교훈 안에 거하지 않습니다. 그
리스도의 신성을 거부하고, 예수님을 인간의 수준으로
낮추거나 인간을 예수님의 수준으로 높입니다. 한 마디
로 하면 예수님이 그리스도 메시아이심을 부인하는 것입
니다. 예수님은 하나님이시면서 완전한 사람의 육체로
세상에 오셨습니다. 그렇지 않으면 예수님으로 말미암은
인간구원은 있을 수가 없습니다. 그리고 이단들은 삼위
일체를 인정하려 하지 않습니다. 아버지와 아들을 부인
한다는 것은 예수님의 하나님 되심과 사람 되심을 부인
하는 것입니다. 그것을 부인하지 않으면 자신들의 존재
가 부정되는 것이기 때문입니다. 모든 것을 거짓말로 속
이는 것이 이단들의 통상적인 존재방식입니다.

"거짓말하는 자가 누구냐 예수께서 그리스도이심을 부인하
는 자가 아니냐 아버지와 아들을 부인하는 그가 적그리스도
니"(요일 2:22)

"미혹하는 자가 세상에 많이 나왔나니 이는 예수 그리스도께

서 육체로 오심을 부인하는 자라 이런 자가 미혹하는 자요 적 그리스도니"(요이 1:7)

모든 이단들의 공통적인 특징은 종말과 재림에 집중한 다는 것입니다. 부활하신 예수님은 반드시 다시 오시는 데 그 날은 아버지만 알고 사람들은 알 수도 없고 알려고 할 필요도 없습니다. 그런데 이것을 바꾸어 다르게 말하 면 이단입니다. 우리나라뿐 아니라 역사적으로 거의 모 든 이단들은 예수님의 재림 날짜를 주장하면서 시작됩니 다. 아무리 그럴듯한 주장이라도 예수님이 언제 어디에 서 나타났다든가 나타날 것이라든가 하는 주장들은 명백 한 이단들의 속임수입니다.

예수님은 특히 어떤 장소에 임하지 않으십니다. 더구 나 언제 재림하실 것이라는 것은 그 누구도 알 수가 없습 니다. 게다가 예수님께서 재림하실 때에는 전 세계의 모 든 사람들이 알도록 오십니다. 어떤 방식으로 예수님의 재림을 보게 될 것인지는 우리가 알 수 없으나 하나님을 믿는 사람들 외에는 모든 족속이 재림 예수님으로 말미 암아 애곡할 것입니다. 그런데도 재림 예수가 어디 있다, 언제 온다는 말을 믿겠습니까?

"그러나 그 날과 그 때는 아무도 모르나니 하늘의 천사들도, 아들도 모르고 오직 아버지만 아시느니라"(마 24:36)

"볼지어다 그가 구름을 타고 오시리라 각 사람의 눈이 그를 보겠고 그를 찌른 자들도 볼 것이요 땅에 있는 모든 족속이 그로 말미암아 애곡하리니 그러하리라 아멘"(계 1:7)

이단들은 당연히 성경의 가르침을 자기들의 특수성에 적합하도록 특정 부분을 확대해석하여 진리라고 믿고 전파합니다. 예를 들어 유월절, 안식일, 144,000명, 피제사 등이 있습니다. 또한 자기들 단체에만 구원이 있다고 말합니다. 기성교회는 진리가 아니며 그리스도 안에서가 아니라 자기들이 믿는 것만이 하나님의 참 진리에 속하는 것이며 자기네들은 특별히 선택된 무리라고 주장합니다.

또 대개의 이단들은 성경 이외에 다른 경전을 사용합니다. 그들은 성경을 새롭게 해석하며 성경에 더하여 추가시킨 문서를 가지고 있거나 그들의 지도자가 추가로 제시한 교리를 믿고 있습니다. 이것을 성경과 함께 혹은 성경과 동격으로 놓고 믿는 것입니다. 그리고 스스로를 신격화, 교주화하는 경우가 많습니다. 자기를 예수 또는

성령이라고 합니다. 전지전능하다고 주장하지만 교주가
죽으면 또 다른 교주를 만들어냅니다. 이단들은 처음부
터 끝까지 속임수로 사람들을 현혹하여 끌고 가면서 교
회를 훼손하는 무리들인 것입니다. 인체로 비유하자면
마치 암 덩어리와 같은 자들이 이단들인 것입니다.

5) 우리나라의 대표적인 이단들입니다.

우리나라의 대표적인 기독교 이단은 다음과 같습니
다. 정통교회에서 이단으로 규정한 곳들입니다.

여호와의 증인(워치타워)은 미국의 Russell에 의해 1870
년에 시작, 한국에는 1912년에 들어왔는데, 이 땅에 천년
왕국이 임한다고 주장하며 병역, 수혈, 국가공무원, 선거
권을 모두 거부하는 이단으로, 성경연구, 파수대, 깨어라
등의 자료들을 믿습니다.

몰몬교(예수그리스도후기성도교회)는 1930년에 미국의
Joseph Smith 2세에 의해 창시되었으며, 「모르몬경」, 「교
리와 성약」, 「값진 진주」 등의 경전을 사용하는데, 도덕적
인 삶을 강조하고 있습니다.

안식일교회(제칠일안식일예수재림교회)는 1863년에 미국에
서 시작되었으며, 엘런 화이트의 책들을 성경과 함께 보

고 있습니다. 율법을 지켜야 구원을 얻는다고 하여 토요일인 안식일을 지킵니다. 율법의 일 점 일 획도 없어지지 않는다는 구절을 오해하는 것입니다.

통일교(세계평화통일가정연합)는 1954년에 문선명이 창시하였으며, 1966년에 발행한 「원리강론」을 경전으로 사용하고 있습니다. 성경에 한민족 사상들을 접목하였고 사회 곳곳에서 활동을 시도하였습니다.

JMS선교회(정명석, 기독교복음선교회, 섭리, 애천교회 등)은 1978년에 정명석이 창시하였으며, 대학생 단체를 설립하여 교세를 확장하였습니다. 폭행 및 성범죄 의혹으로 1999년부터 도피, 2009년에 수감되었다가 2018년에 만기 출소하였고, 그 후 또 다시 성폭행 혐의로 1심에서 징역 23년이 선고된 바 있습니다(2023.12.22.).

신천지(예수교증거장막성전, 144,000명)는 1984년에 이만희가 창시하였으며, 총회장 아래에 7교육장과 12지파장을 두고 있습니다. 유월절과 144,000명을 강조하고 있으며, 계시록을 중점적으로 주장합니다.

하나님의 교회(안상홍, 장길자, 하나님 어머니)는 1964년에 세워졌는데, 1985년에 안상홍은 사망하였고, 장길자가 하나님 어머니라고 주장하며 활동을 계속하고 있습니다. 구약의 절기들을 대부분 지키고 있습니다.

6) 이단은 어떻게 대처해야 할까요?

정통 기독교에서 이단으로 판정한 곳들은 접촉하지 않는 것이 가장 좋습니다. 따라서 교회를 정할 때에도 조심해야 하며 되도록 정통교단에 속한 것이 확실하고 이단이 아니라고 확인된 곳에 다녀야 합니다. 또한 교묘하게 일반 교회인 것처럼 위장한 이단들도 있으므로 더욱 조심해야 합니다. 간혹 이단으로 잘못 판정되는 경우도 있지만 이단이라고 규정된 곳은 마치 뱀을 보는 것과 같은 자세를 가지는 것이 좋습니다. 이단은 타종교를 믿는 사람들과는 전혀 다릅니다. 왜냐하면 타종교인들은 하나님의 은혜에 의하여 구원의 길이 열릴 수도 있지만 이단은 이미 하나님으로부터 저주를 받은 자들이기 때문입니다. 심지어 무당과 같은 무속인들조차 구원의 길이 주어질 수 있지만 이단은 아닌 것입니다.

그런데 이단들을 깨우치기 위하여 저들과 변론을 하거나 논쟁을 하거나 분별하기 위해 저들의 교육에 참여하는 일은 결단코 하지 말아야 합니다. 하나님의 진리의 복음을 배우고 공부하고 실천하기에도 바쁜 일상에서 헛된 미혹에 혼란을 느낄 필요가 없습니다. 물론 전문적으로 연구를 많이 하거나 대책을 잘 마련한 지도자들은 특별한 경우에 논쟁이든 변론이든 해야 할 때도 있겠지만, 일반적인 지도자들이나 성도들이 그들과 논쟁을 벌인다면 오히려 그들이 파놓은 진흙탕에 빠져버리게 되는 것임을 알아야 합니다. 그런 논쟁은 무익할 뿐만 아니라 헛된 일에 지나지 않습니다.

"그러나 어리석은 변론과 족보 이야기와 분쟁과 율법에 대한 다툼은 피하라 이것은 무익한 것이요 헛된 것이니라"(딛 3:9)

물론 이단에 속한 사람이라고 해서 당장 사람 취급하지 말라는 말은 아닙니다. 몇 번 살펴보다가 한두 번 권면을 해야 합니다. 그러나 저들이 듣지 않으면 이후로는 멀리하는 것이 가장 좋은 일입니다. 왜냐하면 그들은 이미 마귀의 종이 된 자들이기 때문입니다. 오히려 그들과의 친분으로 말미암아 계속해서 걸림돌만 될 것입니다. 혹시 그들이 회개하여 다시 교회의 일꾼이 되리라는 기대감이 있나요? 만약에 그렇다면 성경에서 이단들을 멀리하라고 권면할 리가 없을 것입니다.

"이단에 속한 사람을 한두 번 훈계한 후에 멀리하라 이러한 사람은 네가 아는 바와 같이 부패하여 스스로 정죄한 자로서

죄를 짓느니라"(딛 3:10~11)

이단들은 마귀의 궤계를 따르는데, 이단에 완전히 빠졌다는 것은 그리스도가 아니라 마귀에게 속한 사람이라고 볼 수 있기 때문입니다. 때로 이단에 약한 고리로 걸려있는 사람도 있을 수 있습니다. 예를 들어 가족 중에서 누군가 이단에 빠져있다면 얼마나 그 마음이 애가 타겠습니까? 다양한 상황이 펼쳐질 수 있지만 기본적으로는 이단들과는 아예 접촉 자체를 하지 않는 것이 참된 지혜인 것입니다.

> "우리는 하나님께 속하였으니 하나님을 아는 자는 우리의 말을 듣고 하나님께 속하지 아니한 자는 우리의 말을 듣지 아니하나니 진리의 영과 미혹의 영을 이로써 아느니라"(요일 4:6)

마지막 때에는 기독교 신앙이 세속화되어 도덕적인 붕괴가 일어나기도 하지만, 세속화와 더불어 이단들이 극성을 부리게 됩니다. 왜냐하면 그리스도인으로 세상을 살기보다는 하나님 없는 사람처럼 살게 되니까 복음의 영성이 사라지고, 그렇게 되니까 악한 영들이 활개를 치게 되는 것입니다. 다시 초대교회와 같은 영성으로, 사도들과 같은 제자의식으로 교회가 변화되어야만 할 때입니다. 육체가 건강하면 세균이 침투하지 못하는 것과 같이 교회와 성도들이 말씀으로 무장하고 예수님의 마음을 품고 세상을 산다면 이단들을 두려워할 필요가 없을 것입니다.

> "거짓 선지자가 많이 일어나 많은 사람을 미혹하겠으며 불법
> 이 성하므로 많은 사람의 사랑이 식어지리라 그러나 끝까지
> 견디는 자는 구원을 얻으리라"(마 24:11~13)

Epilogue
맺는 말

    보이지도 않고 경험할 수도 없는 천국을 어떻게 믿을 수 있겠습니까? 하나님의 천지창조와 예수님의 부활과 종말과 지옥의 실재와 마귀의 존재는요? 보이지도 않고 경험할 수도 없는 것을 믿는 것이 믿음입니다. 믿음은 주관적인 것이기 때문에 객관적으로 아무리 잘 설명해도 믿어지지 않는 것을 믿을 수는 없습니다. 그러나 아직 믿어지지 않는다고 하더라도 최대한 논리적으로 이치에 맞게 설명한다면 믿음을 가질 때에 걸림돌이 되지는 않을 것입니다. 더욱 확고한 믿음과 그 믿음으로 말미암아 신앙생활에서 승리할 수 있게 만들기 위해 이 책이 출간되었습니다.

    교회에서는 믿음이라는 이름으로 행해지는 불신앙의 요소들이 많이 들어와 있습니다. 그것은 율법적인 믿음이라고 할 수 있는데, 수학 공식 외우듯이 무작정 믿는 것은 상당히 위험합니다. 수학 공식은 방정식을 푸는 데 도움이 되지만 율법적인 무작정 믿음은 오히려 건강하고 복음적인 신앙생활과 살아있는 교회를 가로막기까지 할 수 있습니다. 어떤 일을 하더라도 무작정 따라하는 것이 아니라 이유라도 알아야 하는 것이 아니겠습니까? 이 책은 바로 그 이유를 충분히 알려드리기 위해 집필된 것입니다.

이 책 자체가 완전하다는 것이 아닙니다. 이 책은 어디까지나 안내서입니다. 실제로 믿음을 가지는 것은 성도 개개인의 몫입니다. 지도자가 아무리 상세하고 친절하게 잘 설명했다고 해도 직접 그곳에 가본 사람과는 비교할 수 없습니다. 예수님께서 그리스도이심을 믿는 믿음이 책에서 설명하는 것으로 되는 것은 아닙니다. 그러나 그 믿음으로 가는 길을 자세하게 제시할 수는 있습니다. 이 책은 바로 그 자세하게 잘 설명해 놓은 지도와도 같은 기능을 제공하기를 원합니다.

그러나 지도의 역할 이상을 할 수 있도록 그 다음 단계를 준비했는데, 그것이 핵심복음제자훈련입니다. 지도의 단계에서 머무는 것이 아니라 직접 현장으로 안내하는 것과 같은 기능을 감당하게 만들기 위해서입니다. 그러니까 이 책을 읽는 사람은 마치 좋은 지도를 보는 사람과 같을 것이고, 이 책을 기본으로 사용하여 핵심복음제자훈련을 받은 사람은 마치 안내자를 따라 현장에 가보는 효과를 볼 것입니다. 땅을 밟고 걸어보고 풍경을 바라보고 바람과 흙의 냄새를 맡는 일은 본인이 해야 하지만 거기까지 가는 길을 안내할 수는 있습니다. 거기에서 현지 사람들과 대화를 나누어보고 옷차림이나 풍습을 경험해보고 음식을 이것저것 먹어보는 일은 자신이 하게 되지만 거기까지 잘 안내하는 일은 다른 선생들을 따라가면 충분히 가능하다는 말입니다.

이 책을 기본교재로 하여 훈련교재인 '핵심복음제자훈련' 2권 『믿음의 핵심』을 스스로 진행해보고, 전문교재라고 할 수 있는 『믿음의 핵심 인도자지침서』를 통하여 잘 준비한 인도자와 함께 훈련을 진행한다면 기독교 신앙인의 근본적인 부분에 대해서 그 뿌리를 더욱 깊이 내릴 수 있을 것입니다. 무엇에 대한 믿음인지가 분명해지고 정확해지면 참된 복음에 근거한 신앙이 잘 자라서 하나님께 귀하게 쓰임 받게 될 것입니다.

또 다른 차원에서 이 책은 직접 복음과 부딪쳐보게 하기 위해 출간된 것입니다. 이 책의 잘 설명된 내용이 실제 신앙생활의 현장에서 부딪힐 때 체험적인 하나님 지식, 살아있는 진리로 심령 가운데 뿌리내릴 것입니다. 믿음은 확신이 강할수록 세상에 나가 싸워서 이길 수 있습니다. 더욱 굳건한 믿음, 그러나 충분히 이해하고 있는 믿음, 믿음이 없는 사람들에게 충분히 논리적으로 설명할 수 있는 믿음, 그것이 이 책의 목표이고 충분히 그 목표에 도달할 것을 믿어 의심치 않는 바입니다.